Walter Wimmer

Das Wort ist ganz nah bei dir

Walter Wimmer

Das Wort ist ganz nah bei dir

Sonn- u. Feiertagspredigten im Lesejahr C

Fromm Verlag

Impressum / Imprint
Bibliografische Information der Deutschen Nationalbibliothek: Die Deutsche Nationalbibliothek verzeichnet diese Publikation in der Deutschen Nationalbibliografie; detaillierte bibliografische Daten sind im Internet über http://dnb.d-nb.de abrufbar.
Alle in diesem Buch genannten Marken und Produktnamen unterliegen warenzeichen-, marken- oder patentrechtlichem Schutz bzw. sind Warenzeichen oder eingetragene Warenzeichen der jeweiligen Inhaber. Die Wiedergabe von Marken, Produktnamen, Gebrauchsnamen, Handelsnamen, Warenbezeichnungen u.s.w. in diesem Werk berechtigt auch ohne besondere Kennzeichnung nicht zu der Annahme, dass solche Namen im Sinne der Warenzeichen- und Markenschutzgesetzgebung als frei zu betrachten wären und daher von jedermann benutzt werden dürften.

Bibliographic information published by the Deutsche Nationalbibliothek: The Deutsche Nationalbibliothek lists this publication in the Deutsche Nationalbibliografie; detailed bibliographic data are available in the Internet at http://dnb.d-nb.de.
Any brand names and product names mentioned in this book are subject to trademark, brand or patent protection and are trademarks or registered trademarks of their respective holders. The use of brand names, product names, common names, trade names, product descriptions etc. even without a particular marking in this works is in no way to be construed to mean that such names may be regarded as unrestricted in respect of trademark and brand protection legislation and could thus be used by anyone.

Coverbild / Cover image: www.ingimage.com

Verlag / Publisher:
Fromm Verlag
ist ein Imprint der / is a trademark of
OmniScriptum GmbH & Co. KG
Heinrich-Böcking-Str. 6-8, 66121 Saarbrücken, Deutschland / Germany
Email: info@frommverlag.de

Herstellung: siehe letzte Seite /
Printed at: see last page
ISBN: 978-3-8416-0421-7

Copyright © 2013 OmniScriptum GmbH & Co. KG
Alle Rechte vorbehalten. / All rights reserved. Saarbrücken 2013

Inhaltsverzeichnis

1. Adventsonntag	3
1. Adventsonntag	8
3. Adventsonntag	12
3. Adventsonntag	16
Christmette	18
Weihnachtstag	22
Weihnachtstag	26
Fest der Hl. Familie	29
Erscheinung des Herrn	33
2. Sonntag	37
2. Sonntag	42
6. Sonntag	46
1. Fastensonntag	49
3. Fastensonntag	54
3. Fastensonntag	58
Gründonnerstag	62
Gründonnerstag	66
Ostersonntag	70
Ostersonntag	74
2. Ostersonntag	77
2. Ostersonntag	81
Christi Himmelfahrt	85
Christi Himmelfahrt	89
Pfingsten	93
Pfingsten	97

Fronleichnam 102

Fronleichnam 105

Fronleichnam 109

Fronleichnam 114

9. Sonntag 117

12. Sonntag 121

12. Sonntag 125

15. Sonntag 129

15.Sonntag 133

18. Sonntag 138

19. Sonntag 142

22. Sonntag 146

22. Sonntag 151

23. Sonntag 154

24. Sonntag 159

24. Sonntag 164

27. Sonntag 167

Allerheiligen 172

Allerseelen 177

Christkönigssonntag 181

1. Adventsonntag

Gen 38,6-30; Mt 1,1-6;17a (2003) (Predigtreihe Stammmütter Jesu: Tamar)

Nicht wenige Menschen haben in ihrer Wohnung Bilder der Vorfahren; viele erforschen ihre Ahnenreihe und erstellen einen Stammbaum, wieder andere machen eine sogenannte Familienrekonstruktion. Mehr als die Neugier ist der Grund dieses Zurückgehens auf die Wurzeln die Sehnsucht, sich selbst und sein eigenes Verhalten, aber auch die verwandtschaftlichen Beziehungen besser zu verstehen, vielleicht auch manche ungelöste oder verdrängte Probleme aufzudecken, zu bearbeiten und zu versöhnen.

Vielen gelingt es aufgrund eines solchen Einblicks in die eigene Vergangenheit, mit ihren Schwächen versöhnter umzugehen und ihre Stärken noch mehr zum Tragen zu bringen.

Jeder und jede wird in der eigenen Familiengeschichte neben den hellen auch die dunklen Stellen entdecken. Wie der Psychologe Ericson zu Recht meint, gehört es zur affektiven Reifung des Menschen, auch diese dunklen Stellen als Teil seiner Familiengeschichte anzunehmen, denn schließlich sitzen wir alle im selben Boot und es bringt nichts, einander ständig Vorwürfe zu machen. Im Alter von etwa 40 Jahren, meint Ericson, sollte man eine „new fellowship", also die Versöhnung mit der Geschichte seiner Vorfahren gefunden haben.

Wenn wir heuer im Advent in einer Predigtreihe die vier Stamm-Mütter Jesu aus dem Prolog des Matthäusevangeliums zum Thema machen (es gibt auch andere Stamm-Mütter!), so geht es nicht um eine historische Familienrekonstruktion Jesu, sondern um theologische Einblicke in die Heilsgeschichte Gottes mit seinem Volke. Bei diesem Gang am Beginn des Kirchenjahres zu den alttestamentlichen Quellen Jesu gilt zunächst allgemein, was Paulus sagt: „Nicht du trägst die Wurzel, sondern die Wurzel trägt dich" (Röm 11,18), d.h. Jesus ist nicht primär von der Kirche her zugänglich und verständlich, sondern von seinen biblischen Wurzeln im AT.

Wir wenden dabei unseren Blick auf die vielfach vergessenen, verdrängten oder übersehenen Frauen in diesem Stammbaum Jesu. Vor einer Woche wurde ein Buch mit den Porträts von zehn in der Diözese Linz in den letzten Jahrzehnten sehr wichtigen Frauen vorgestellt; es trägt den Titel „Hätten wir die Frauen nicht" – ja, hätten wir sie nicht, wäre viel nicht weitergegangen. Zu Recht kann man dies noch mehr von den Stamm-Müttern Jesu sagen: Hätten wir sie nicht, hätte das Leben nicht immer wieder gesiegt und hätte Jesus nicht gehandelt wie er gehandelt hat.

Matthäus zählt eine 3 x14 Namen umfassende Geschlechterfolge auf; er will damit sagen, daß die Zeit damals und heute in Gottes Händen liegt, denn 6 mal die heilige Zahl 7 ist ein Hinweis auf Gottes Heilswirken. Die Geschichten der Stamm-Mütter und Stamm–Väter sind Geschichten von Glauben und Liebe, aber auch von Gewalt und Unrecht, von Klugheit und List, von Trennung, Flucht, Tod und Ausweglosigkeit. Da hinein webt Gott seine Offenbarung, sein Heil. Und daß diese Geschichte zum Heil findet, ist nicht Leistung oder Verdienst oder Heldentum von Menschen, sondern Gnade, Frucht des Glaubens und Geschenk.

In dieser Geschlechterfolge werden inmitten der Männer vier Frauen (Tamar, Rahab, Ruth, Batseba und als fünfte Maria) erwähnt. Wenn der Künstler Sieger Köder auf unserem Bild diese vier Frauen hervorhebt und den Stammbaum ganz harmonisch ordnet, so deutet er damit Gottes Heilswirken gerade auch durch Frauen inmitten der verschlungenen menschlichen Wege an. Wir haben nicht nur Väter, sondern auch Mütter im Glauben!

Es sind durchwegs Frauen aus dem Ausland. Das heißt: Gott sprengt immer wieder alle allzu enge Blut-, Boden- und Rassenideologie; Gott ist der Gott aller Völker und er sprengt jedes enge nationale Denken zu einem globalen Heil (die Globalisierung Gottes sozusagen!).

Es sind eher Frauen mit für uns oft schwer verständlichen Handlungen, zumindest nicht immer unseren moralischen Vorstellungen entsprechend. Das heißt: Gott rechnet unter seinem Volk nicht mit Arierparagraphen und moralischen

Persilscheinen, sondern eher mit Unregelmäßigkeiten. Er steht auf jeden Fall auf der Seite der Benachteiligten (das sind bis heute die Frauen, die Kinder und die Ausländer), Gott schreibt jedenfalls auch auf krummen Zeilen gerade!

Heute geht es um Tamar, die auf der Folie links unten mit dem Schleier und dem Ring in der Hand abgebildet ist. Die Erzählung von ihr aus dem Buch Genesis ist kaum bekannt, da sie für fromme Ohren zu anstößig und sperrig ist. Die Geschichte dieser Tamar, die aus Kanaan stammt und die Schwiegertochter des Juda wird, ist ja wirklich seltsam. Was hat eine Frau in der Bibel zu suchen, die sich prostituiert und ihren Schwiegervater verführt?! Wer mit unseren Werturteilen herangeht und nichts über die damalige Kultur und Religion weiß, wird sich damit immer schwer tun.

Ein Wort zur sogenannten Leviratsehe: Wenn ein Mann stirbt und keinen männlichen Nachkommen hinterlässt, muss sein Bruder mit der Witwe einen Sohn zeugen, denn oberstes göttliches Gebot ist, dass das Leben weitergeht. Indem dem Schwager ein Sohn gezeugt wird, ist auch für die Witwe die Altersversorgung gesichert, denn als Kinderlose ist sie gesellschaftlich gleich einer Null.
Onan, der zweite Sohn Judas, handelt also egoistisch, weil er dem Bruder keine Erben gönnt; er trägt die Verantwortung, wenn dessen Familie ausstirbt. Tamars Schwiegervater Juda handelt ebenfalls egoistisch, weil er ihr den dritten Sohn unter dem Vorwand, dass er zu jung sei, vorenthält und so auch Gottes Gebot, dem Leben zu dienen, nicht erfüllt.
Ein Wort zur kanaanäischen Kultur und Religion, der Tamar angehörte und in der es auch die Kultprostitution gab: Um die jährliche Fruchtbarkeit der Mutter Erde zu sichern, gab es in dieser Kultur auch das religiöse Ritual der Heiligen Hochzeit, in der Priesterinnen der Göttin den heiligen Akt vollziehen, damit alles Leben auf Erden weitergeht und eine nächste Generation heranwächst. Diese Tradition aus der Religion Tamars (die Verschleierung deutet darauf hin) hilft ihr nun, eine Lösung für ihre ausweglose Lage zu finden.

Tamar hebt das göttliche Gesetz nicht auf, sondern erfüllt es, indem sie das in ihrer Welt Richtige tut und selbst etwas unternimmt. Für das Leben und ihr eigenes Überleben und für den Namen ihres Mannes greift sie mit Klugheit in ihrer patriarchalisch geprägten Mitwelt zu einer List. Sie wartet als Kultdirne vor dem Stadttor und verführt den Schwiegervater. Sie riskiert dabei sehr wohl ihr eigenes Leben. Als nämlich die Schwangerschaft bekannt wird, soll Tamar verbrannt werden. Aber das Pfand, das sie zurückbehalten hat, ist jetzt ihr Trumpf und beweist die Vaterschaft Judas: „Von dem Mann, dem diese Dinge gehören, bin ich schwanger. Sieh doch nach, wem dieser Siegelring, diese Schnur und dieser Stab gehören", sagt sie.

Wenn Juda dann bekennt „Ihre Gerechtigkeit ist erwiesen im Gegensatz zu meiner", so heißt das doch, dass er eingesteht, sein Versprechen, den dritten Sohn Tamar zu geben, nicht eingehalten hat, während Tamar sich das Recht verschafft hat, das ihr verweigert wurde.

Auch Gott selbst bestätigt sie in ihrem Handeln: sie wird Mutter, und zwar gleich von Zwillingen, was damals als besonderer Segen Gottes angesehen wurde. Ihr Handeln ist gottgefällig und wie so oft hilft Gott einer Rechtlosen zu ihrem Recht, wie er immer wieder „die Mächtigen vom Thron stößt und die Niedrigen erhöht" (Magnificat).

So sperrig die Erzählung sein mag, es werden ganz klar die Phantasie, der Gerechtigkeitssinn und die Risikobereitschaft Tamars gelobt, während das Handeln der betroffenen Männer eher von Angst und Egoismus geprägt war. Einer der beiden Söhne ist Perez, einer der Vorfahren Davids und damit Jesu, auf dessen Kommen die ganze Geschlechterfolge hinzielt. Auch Jesus ist nicht in einem chemisch lupenreinen Labor gezeugt worden, sondern hat eine Familiengeschichte.

In diesem Jesus werden die Linien, die hier aufleuchten, ganz ausgefaltet. Seinem Einsatz für Leben und Gerechtigkeit und seiner Risikobereitschaft ist es zu verdanken, daß das Leben wirklich endgültig über Sünde und Tod siegt. In Jesus

Christus werden alle rassischen, sozialen und geschlechtlichen Barrieren abgeschafft, denn „in ihm gibt es nicht mehr Juden und Griechen, nicht Sklaven und Freie, nicht Mann und Frau; in ihm sind wir alle eins" (Gal 3,28) und gleichwertig. Jesus holt uns alle ins Boot der Versöhnung; er erträgt an sich die Auswirkungen von Sünde und Tod, um auf unseren krummen Zeilen nochmals gerade zu schreiben und all unsere Schattenseiten mit dem Licht seiner Liebe zu umfangen.

Es bleiben wohl viele Fragen und manches Bedenkenswerte wäre noch zu sagen. Ich möchte abschließend kurz sagen, was diese Stelle für mich bedeutet.

Für mich ist die Geschichte von Tamar ein Beispiel dafür, daß auch Frauen im Heilswirken Gottes eine wichtige Rolle gespielt haben und spielen. Ich denke dankbar an meine Mutter, an Freundinnen und andere Frauen auf meinem Lebensweg, deren Phantasie und Einsatz für Leben und Gerechtigkeit privat und im kirchlichen Umfeld mich imponiert und bereichert haben. Ich weiß aber auch um die noch notwendige Anstrengung auf Seiten von uns Männern, in Kirche und Gesellschaft die Frauen ganz ins Boot zu holen und ihnen den ihnen gebührenden gleichwertigen Platz einzuräumen, denn „Hätten wir die Frauen nicht, ..."

Die Geschichte der Stamm-Mütter, speziell der Tamar, gibt mir Trost, daß Gott auch auf oft recht sonderbare Weise in meinem Leben Gutes und Fruchtbringendes bewirken kann, weil er auch auf meinen krummen Zeilen gerade schreiben kann.

Außerdem läßt es mich die dunklen Stellen in der Familiengeschichte, aber auch in der Kirchengeschichte versöhnter annehmen. Ich kann gut damit leben, daß wir doch alle im selben Boot der Menschheit sitzen und miteinander tolerant, solidarisch und barmherzig sein sollen. Wie ich selbst keinen lupenreinen Stammbaum habe noch brauche, möchte ich auch viel Respekt vor der Biographie jedes anderen Menschen haben, ohne zu schnell zu urteilen oder gar zu verurteilen.

Gottes Ja zu Tamars Mut und Einsatz für Leben und Gerechtigkeit wird Sieg des Lebens in der Auferstehung Jesu besiegelt. Diese Gabe ist aber auch Aufgabe, mich nach meinen Möglichkeiten für vielfach bedrohtes Leben und für Gerechtigkeit ganz einzusetzen.

Dass Tamar eine Ausländerin ist, sagt mir nachdrücklich, dass wir mit unserem Gott alle Mauern von Blut und Boden überspringen und die adventliche Hoffnung allen Menschen gilt, denn „alle Enden der Erde sollen schauen Gottes Heil". Wo immer Gottes Name in der Auseinandersetzung der Religionen, Kulturen oder Zivilisationen parteiisch in den Mund genommen wird, war es nicht der biblische Gott, denn dieser ist der einzige und wahre Globalist, bei dem nicht Verlierer auf der Strecke bleiben.

Ich bin überzeugt, dass in diesen Ansätzen, die in Jesus Christus Erfüllung finden, viel adventliche Hoffnung und Gewissheit aufleuchten, adventliche Lichter, die die Dunkelheiten der Erde nicht mehr auszulöschen imstande sind. Amen.

1. Adventsonntag
1 Thess 3,12-4,2; Lk 21,25-28.34-36 (2.12.12)

Am vergangenen Sonntag habe ich vom Heilsuniversalismus des christlichen Glaubens als der zentralen Botschaft des letzten Konzils gesprochen. Wir verfügen darüber nicht, wir dürfen aber sogar hoffen, dass die Gnade Gottes schlussendlich alle rettet.

Warum dann heute, am ersten Tage des neuen Kirchenjahres, schon wieder solche negative Katastrophenmeldungen, Weltuntergangsstimmung und die Rede von kosmischen Erschütterungen?! Angeblich soll ja die Welt laut Mayakalender schon nächste Woche untergehen. Ich bin überzeugt, wir werden es überleben. Weltuntergangsprophezeiungen und Katastrophenstimmungen gibt es fast in jeder Generation.

Gerade anbetracht aller, die nur das Schlechte und Böse sehen, darf man an die Worte von Johannes XXIII bei der Eröffnungsrede zum Konzil erinnern:

„Es dringen betrübliche Stimmen an unser Ohr, die zwar von großem Eifer, doch nicht von Klugheit und für das rechte Maß zeugen. Sie sagen ständig: Unsere Zeit habe sich im Vergleich zur Vergangenheit dauernd zum Schlechteren gewandelt. … Doch wir können diesen Unglückspropheten nicht zustimmen, wenn sie nur unheilvolle Ereignisse vorhersagen so als ob das Ende der Welt bevorstünde."

Was gab diesem Papst solche Zuversicht und Gelassenheit? Sie kennen wohl die folgende Episode: „Jemand breitete alle seine Sorgen vor ihm aus und klagte, dass er gar nicht mehr schlafen könne – worauf er antwortete: ‚Mir ist es genauso gegangen. Da sagte mir eine innere Stimme: Giovanni, nimm dich nicht so wichtig. Seither kann ich wieder gut schlafen.'"

Muss man aber das Wort Gottes nicht ernst nehmen? Man darf sich doch nicht nur die Rosinen herauspicken! Es gibt doch auch den schwierigen und „anstößigen Jesus" (Gottfried Bachl). Ja, das stimmt, aber es gilt auch: Wenn die Bibel das Thema Weltuntergang aufgreift, hat sie kein naturwissenschaftliches Interesse und will auch unsere apokalyptische Neugier nach dessen Zeitpunkt nicht befriedigen. Die Botschaft Jesu ist in die mythologischen Bilder seiner Zeit gekleidet; diese sind uns angesichts von Tsunamis, Erdbeben und unerklärlichen Familientragödien freilich nicht fremd. Die täglichen Nachrichten bringen gemäß dem Mediengesetz „good news no news" fast nur Negatives: Streit, Krieg, Hunger, Gewalt und Katastrophen.

Was hat Johannes XXIII trotzdem solche Gelassenheit gegeben, dass er sagen konnte: „Ruhig und froh lebe ich weiter" (Buch von Hubert Gaisbauer)? Diese freudige Ruhe widerspricht nicht dem heutigen Evangelium, sondern nimmt die zweite Hälfte der Worte Jesu ganz ernst, nämlich dass Gott die Erde nicht im Stich lässt, sondern Jesus Christus bis zum Ende der Welt bei uns ist als der, dessen Macht und Herrlichkeit den Sieg davon trägt. Statt von all dem Negativen uns niederdrücken zu lassen, dürfen wir uns aufrichten und erhobenen Hauptes einhergehen, denn unsere „Erlösung ist nahe". Paulus drückt es in den mir sehr teuren Worten im Römerbrief so aus: „Weder Leben noch Tod, weder Gegenwart

noch Zukunft, weder Gewalten der Höhe oder Tiefe noch sonst irgendeine Kreatur können uns trennen von der Liebe Gottes in Christus Jesus" (Röm 8,28f).
Das ist die zentrale Aussage auch aller apokalyptischen Texte. Die Heilige Schrift will uns anbetracht aller möglichen jetzigen oder kommenden Katastrophen darin bestärken, dass die Hoffnung nicht als letzte stirbt, sondern dass christliche Hoffnung überhaupt nie stirbt, unabhängig was in dieser Welt gut oder schlecht ausgeht. Das meint wohl auch Vaclav Havel, wenn er sagt: „Die Hoffnung verstehe ich vor allem als einen geistigen Zustand, nicht als einen Zustand der Welt. Entweder wir haben Hoffnung in uns oder wir haben sie nicht. Sie ist eine Dimension der Seele und hängt in ihrem Wesen nicht von einer bestimmten Einschätzung der Situation ab. Hoffnung ist nicht die Überzeugung, dass etwas gut ausgehen wird, sondern das feste Bewusstsein, dass etwas sinnvoll ist, unabhängig davon, wie es ausgeht."
Dass die Welt letztlich sinn-voll ist – trotz vieler Sinnlosigkeit und Zweifel und Verzweiflung -, dafür verbürgt sich Gott in Jesus Christus!
Die ersten Christen haben so wie wohl auch der Apostel Paulus geglaubt, dass die Wiederkunft Christi unmittelbar bevorstehe. Sie haben sich in dieser so genannten Naherwartung getäuscht.
Die apokalyptischen Texte wollen freilich eines sehr wohl sagen: Sie wollen die Aufmerksamkeit nicht primär auf die Zukunft richten, sondern auf die Wichtigkeit der Gegenwart, auf das, worauf es hier und heute ankommt, damit die Zukunft eine gute sei. Es gibt die Zukunft nicht als Zwangsbeglückung oder ‚Vergewohltätigung'. Wir sind den Ereignissen nicht machtlos ausgeliefert; wir können und sollen etwas tun. Die Horrorszenarien haben nicht das letzte Wort, sondern das haben immer noch Hoffnung und Liebe.
Jesus ist bereits in der „Macht und Herrlichkeit" der Liebe gekommen. Deshalb ist es nicht so, dass es zwei für uns gleiche Wege gibt, den des Himmels und den der Hölle, und es an uns allein liegt zu entscheiden, welchen Weg wir gehen. Das Reich Gottes ist unaufhaltsam im Kommen! Und wir schreiten erhobenen Hauptes der vollen Erlösung entgegen. Wir tun dies freilich nicht untätig mit den Händen im

Schoße, sondern hier und heute sind wir aufgerufen, unsere Hoffnung in Taten der Liebe zu übersetzen.

Insofern ist trotz aller zeitbedingten Naherwartung die Aufforderung des Paulus in der Lesung von heute genau so aktuell wie damals: „Der Herr lasse euch wachsen und reich werden in der Liebe zueinander und zu allen, wie auch wir euch lieben, damit euer Herz gefestigt wird und ihr ohne Tadel seid, geheiligt vor Gott, unserem Vater, wenn Jesus, unser Herr, mit all seinen Heiligen kommt." (1 Thess 3,12f)

Für mich ist der Advent eine zweifache Einladung.

Zuerst ist der Advent gegen alle Panikmache und Angstmacherei die Ermunterung zu Zuversicht und Hoffnung – aus der heraus Papst Johannes zeitlebens heiter und gelassen geblieben ist und etwa Martin Luther sagen konnte: „Wenn morgen die Welt untergeht, würde ich noch heute ein Apfelbäumchen pflanzen."
Ich wünsche uns allen diese Geborgenheit, dass Mensch und Welt letztlich nie tiefer fallen als in die Hände des väterlich – mütterlich liebenden Gottes.

Zum zweiten ist der Advent die Aufforderung, nicht die ganze Welt verbessern zu wollen, sondern die Orte der Liebe und Mitmenschlichkeit in meinem Umfeld wahrzunehmen und ernst zunehmen, also Taten der Liebe zu setzen, etwa durch den Besuch eines Kranken, durch ein Gespräch mit einem einsamen Menschen, durch das gute Wort an einen Niedergedrückten, durch eine Spende an Notleidende, durch mehr gemeinsame Zeit für die eheliche Beziehung und für die Familie, durch die ausgestreckte verzeihende Hand an einen Nachbarn, vielleicht auch vor Weihnachten durch die Feier des Sakramentes der Versöhnung, in dem mir Gottes absolute Liebe trotz all meiner Schattenseiten verbindlich zugesagt wird. Nehmen Sie sich Zeit, darüber nachzudenken und die Liebe in ihr konkretes Leben umzusetzen. Die neue Welt entsteht bereits jetzt überall dort, wo die Liebe gelebt wird. Amen.

3. Adventsonntag

Phil 4,4-7; Lk 3,0-18 (17.12.2000)

Vielfach machen wir die Erfahrung, dass Menschen oft denen nachlaufen, die ihnen nach dem Munde reden, ihnen ‚Brot und Zirkusspiele' bieten und große, aber meist leere Versprechen machen. Diese ‚Populisten', wie man sie nennt, täuschen auf der Suche nach der eigenen Macht nicht selten Solidarisierungen mit den kleinen Leuten vor.

Umso mehr stellt sich mir die Frage, warum die Menschen Johannes dem Täufer in großen Scharen nachgelaufen sind. Er ist das genaue Gegenteil eines Populisten! Er zeigt den Ernst der Lage auf und ist in seinen Forderungen an jeden einzelnen nicht gerade zimperlich. Was hat ihn trotzdem - oder gerade deshalb - so anziehend gemacht?

Ich bin überzeugt: es war das Gespür der Menschen, dass hier einer ganz authentisch, also ganz echt ist. Bei Johannes haben Wort und Tat, Reden und Tun radikal zusammengepasst. Er hat keine Sonntagsreden geschwungen, sondern nüchtern Tatbestände aufgezeigt und er hat selbst gelebt, wozu er andere aufgefordert hat. Er hat nicht Wasser gepredigt und Wein getrunken wie so viele seiner Zeitgenossen in Politik und Religion. Er hat sich nicht zum Anwalt anderer gemacht, um selbst den Rahm abzuschöpfen und sein eigenes Schäfchen ins Trockene zu bringen, sondern er hat selbst die Entbehrung der Wüste gelebt. Ihm ging es nicht um eigene Privilegien; mit einem Wort: er war voll glaubwürdig!

Wir alle kennen wohl in der näheren oder weiteren Umgebung solche Menschen, die uns ob ihrer Glaubwürdigkeit faszinieren. Ich denke dabei etwa an den verstorbenen Altbundespräsidenten Kirchschläger, an Kardinal König, an Mutter Teresa, an die Bischöfe Kräutler und Weberberger oder auch an P. Jose Hehenberger. Ihnen nimmt man ab, was sie sagen.

Johannes zeigt an einzelnen Volks- und Berufsgruppen beispielhaft auf, was sie aus sozialer Verantwortung heraus zu tun haben. Er ruft sie zur Umkehr, damit Reden und Tun, Wort und Tat besser zusammenpassen - und offenbar lassen sich viele bewegen. Es ist die Mahnung zu geschwisterlichem Teilen, zu Solidarität, Nächstenliebe und Genügsamkeit.

Die Aktualität dieses Aufrufes bedarf nicht vieler Begründung; Er wird sogar von Tag zu Tag noch wichtiger. Ich möchte das konkret auch begründen. Es gibt seit einiger Zeit alle 10 Jahre die großangelegte, keineswegs kirchlich vereinnahmte sogenannte europäische Wertestudie. 1990 ist das Ergebnis für Österreich in einem Buch zusammengefasst worden mit dem Titel: „Vom Untertan zum Freiheitskünstler". Es sollte damit die Grundtendenz ausgesagt werden, dass im Gegensatz zu früherer Fremdbestimmung der Trend zur Selbstverwirklichung immer stärker um sich greift. Zugleich meinte und hoffte man 1990, dass diese Selbstbestimmung Hand in Hand mit sozialer Verantwortung gehe. Wie die heuer neuerlich europaweit durchgeführte Umfrage ergab, kam es leider nicht zu einer konstruktiven Synthese zwischen Selbstbestimmung und sozialer Verantwortung; die beiden haben sich vielmehr voneinander weit entfernt.

Am vergangenen Dienstag war ich im Betriebsseminar hier in Linz bei der Präsentation der Ergebnisse für das Jahr 2000. Diese sind zusammengefasst in einem Buch mit dem Namen „Die Konfliktgesellschaft". Statt der erhofften Synthese stehen jetzt vier verschiedene Modelle eher unversöhnt nebeneinander und lassen das Auseinanderklaffen zwischen Ich und Wir, zwischen Selbstbestimmung und sozialer Verantwortung mehr als früher spüren, so dass es eine ‚Konfliktgesellschaft' ist. Dieser bevorzugte Glaube an sich selbst und der Trend zu einer Ego-Gesellschaft schlagen sich in den konkreten Ergebnissen nieder:

Eine erste Gruppe mit etwa 33% der österreichischen Bevölkerung ist extrem ichbezogen; das Vertrauen dieser Menschen baut auf den eigenen Fähigkeiten auf.

Eine zweite Gruppe mit 22% fühlt sich selbst zu schwach und sucht für das schwache Ich Rückhalt in starken autoritären Führern und Strukturen; auch diese verunsicherten Kleinbürger sind wenig solidarisch, weil sie vor allem im Freund-Feind-Schema denken.

Die dritte Gruppe, etwa 20%, vereint Wirtschaftsliberalismus mit konservativer, unsolidarischer Haltung (wer denkt da etwa nicht an den ‚Thatcherismus'). Es bleiben 25 Prozent, also nur ein Viertel der Bevölkerung, die sozial engagiert sind; m.a.W. die offen und hellhörig sind für den Ruf des Johannes des Täufers für geschwisterliches Teilen, Solidarität und eigene Genügsamkeit.

Konfliktgesellschaft ist es unter anderem auch deshalb, weil dieselben Menschen, die grenzenlos Selbstverwirklichung wollen, zugleich vom Staat ein Sicherheitsnetz verlangen, das sie jederzeit auffängt. Aber es zeigen sich auch andere Widersprüchlichkeiten: der Ruf nach dem schlanken , billigen Statt und das Verlangen der Risikoabdeckung durch den Staat; der Schrei nach Demokratie und die Abgabe von persönlicher Verantwortung an Führertypen; Die Freiheit von sozialen Normen und der Wunsch, Polizei und Heer zu stärken; die offene Gesellschaft und zugleich der Rückzug in sehr kleine Lebensräume als Bollwerk gegenüber der Außenwelt. - Bei so vielen Spannungsfeldern wundert wohl nicht mehr der Name ‚Konfliktgesellschaft'.

Gibt es eine mögliche konfliktfreie Lösung? Oder sagen wir es mit der Frage des Evangeliums: Was sollen wir tun? Die Antwort des Johannes ist auch heute brandaktuell. Übersetzt in unseren Lebensbereich heißt dies: Selbstverwirklichung muss mit Nächstenliebe einhergehen!

Johannes sagt ein klares Nein zu einem Luxus an Lebensqualität, der auf Kosten von Millionen von Menschen geht, die verhungern müssen, damit wir billige Waren erhalten. Gerade von uns Wohlhabenden ist gegenüber den Armen in unserem Lande und erst recht gegenüber den Ärmsten in der dritten Welt Solidarität gefordert. Wir sind eingeladen, unsere Augen für die innere und äußere Not der Mitmenschen zu öffnen. Wir sind aufgefordert, nicht nur unser eigenes westeuropäisches Haus zu sehen, sondern auch die fremden Menschen in ihren

Hütten. Nur so wird das große Konfliktpotential unserer Welt nicht eskalieren und zum Krieg der Völker und Kulturen werden.

Nach unserem Handeln werden wir gefragt bei der großen ‚Besprechung' beim Weltgericht (Mt 25), nicht nach unseren scharfsinnigen Analysen. Das entscheidende Kriterium Jesu heißt: „Was ihr dem Geringsten ... getan habt, das habt ihr mir getan". So bereiten wir dem Herrn und seinem Reich der Gerechtigkeit, der Liebe und des Friedens den Weg.

Ohne selbstzufrieden uns auf die eigene Schulter zu klopfen, darf ich auch auf das Ergebnis verschiedener Untersuchungen hinweisen, die klar bezeugen: kirchengebundene Menschen gehören immer noch zu dem Teil der Bevölkerung, der die meiste Solidarität mit den Armen, Schwachen, Fremden, Benachteiligten und Kranken aufbringt - eine Tatsache, die man auch einmal dankbar und mit berechtigtem christlichem Selbstwertgefühl erwähnen darf. Wir können auch sagen: Der ‚Bruder in Not' oder die ‚Schwester in Not' sind bei kirchlich gebundenen Menschen ob ihrer Nächstenliebe immer noch am besten aufgehoben.

Darum vertraue ich auch fest darauf, dass Sie dem Aufruf der Katholischen Männerbewegung - sozusagen als verlängertem Arm des Johannes des Täufers - für die Geschwister in Not heute am Ende des Gottesdienstes zu spenden, großzügig und bereitwillig nachkommen werden. ‚Eure Güte werde allen Menschen bekannt' (Phil 4,5), so etwa auch denen in Jacobina in Brasilien, wo Pater Jose Hehenberger wirkt. Da wir ihn als einen glaubwürdigen Menschen kennen, zeigen uns die Männer der Pfarre zum Schluss ein paar Bilder von seinem Wirken. Es ist ein in der Liebe tätiges Glaubensbekenntnis.

3. Adventsonntag

Phil 4,4-7; Lk 3,10-18 (16.12.12)

Es ist fast kein Tag mehr, an dem nicht hier oder dort irgendein Skandal auftaucht. Der Korruptionsausschuss auf nationaler Ebene bekommt täglich mehr zu tun. Es bräuchte auch auf globaler Ebene einen effektiven Ausschuss dieser Art. Es gilt natürlich überall die ‚Unschuldsvermutung'!

Eigentlich ist es nicht verwunderlich, dass immer mehr Bürger deshalb Politikverdrossen werden und sich ins Private zurückziehen. Das ist allerdings keine geringe Gefahr für die Demokratie!

Es gibt aber auch die andere Haltung, sich dagegen zu wehren, auf die Straße zu gehen und dagegen lautstark zu demonstrieren. Das tun die so genannten ‚Wutbürger' - gegen die Atomkraft und deren ungelöste Endlagerungsprobleme, gegen die spekulative Finanzwelt und das Abzocken der Gewinne für einige wenige, während alle anderen immer ärmer werden, gegen die ökologischen Sünder der Abholzung der Urwälder usw. Dafür gibt es viele NGOs, etwa Global 2000 oder Amnesty International und viele andere. Alle paar Tage unterschreibe auch ich zumindest auch ein Protestschreiben der „Attac" gegen verschiedene Missbräuche auf unserer Mutter Erde. Auch wenn einige Berufsrandalierer die Gelegenheit zu Gewalt missbrauchen, grundsätzlich kann ich diese Wutbürger gut verstehen und achte deren Engagement.

Ich bin übrigens überzeugt, dass es auch in unserer Kirche berechtigte Wutbürger gibt. Es ist wohl auch in der Pfarrerinitiative trotz mancher Einseitigkeit grundsätzlich ein ‚heiliger Zorn' und deshalb ein persönlicher Einsatz gegen den Reformstau in der Kirche am Werk. Ich wünschte mir auch eine für Neuerungen offene ‚Bischofsinitiative', wie es ja das 2. Vatikanische Konzil war.

Das heutige Evangelium spricht, so kann man sagen, von einem solchen biblischen ‚Wutbürger' mit ‚heiligem Zorn', von Johannes dem Täufer. Er hatte ein

ziemliches Aggressionspotential, denn kurz vorher hatte er seine Zuhörer noch „Schlangenbrut" genannt.
Unter uns Christen ist ‚Aggression' oft nur negativ besetzt. Sigmund Freud beschreibt deshalb die Christen als häufig aggressionsbehindert, konfliktscheu und triebgehemmt. Alles, was Trieb ist, kommt allzu leicht in die unterste Schublade. Das positiv aufmüpfige Lebenspotential soll aber zum Tragen kommen, bevor es vom ersten Stock in den Keller versteckt wird und dort sich erst recht unkontrolliert in Scheinheiligkeit und Missbrauch von Abhängigkeiten austobt. Ist es etwa nicht scheinheilig, rührselige Herbergsuche zu veranstalten, aber zugleich den Flüchtlingen die Tür zuzuknallen, wie kürzlich in einem Kurort unserer Heimat geschehen? Die könnten uns ja etwas wegnehmen, was zu unserem Überfluss gehört. Auch das ist ein starker Sager, aber mit negativer Energie! Welcher Kontrast zu den Worten des Johannes: „Wer zwei Gewänder hat, der gebe eines davon dem, der keines hat, und wer zu essen hat, der handle ebenso"!
Die Psychologie sagt uns, dass ständige Beißhemmung krank macht. Es gibt kein schöpferisches Leben ohne Aggression; ohne Angreifen und Zupacken geht es nicht, freilich nicht in zerstörerischer und destruktiver Aggression, sondern in guter und gestalteter Energie.
Johannes ist ein höchst konfliktfähiger Mann, an dem sich wohl die Geister scheiden. Er redet nicht um den heißen Brei herum, sondern er spricht als ein eifernder und gewaltiger Prediger Klartext. Ihm nimmt man ab, dafür auch sein eigenes Leben zu geben (was er ja auch schlussendlich getan hat!). (vgl. Gotthard Fuchs, Heilige Wut, Christ in der Ggwt.,64/Okt. 2012).
Dass die Menschen trotzdem zu ihm hinaus strömten, besagt, dass er glaubwürdig war, denn Reden und Tun, Wort und Tat stimmten bei ihm zusammen. Wo dies der Fall ist, lassen sich Menschen offenbar auch das sagen, was das genaue Gegenteil von jedem Populismus ist, denn in ihrem Herzen ahnen sie meist, dass es so in vielem nicht weitergehen kann, etwa mit der Art und Weise, wie wir mit der Mutter Erde umgehen oder auf welche Weise mit Geld spekuliert wird. Um eine Welt, in der jeder zuerst nur an sich selbst denkt, kann es nicht gut stehen! Dietrich

Bonhoefer fasst das in die Worte: „Das Kommen Gottes ist wahrhaft nicht nur Freudenbotschaft, sondern zunächst eine Schreckensherrschaft für jeden, der ein Gewissen hat."
Es ist freilich nicht so, als ob wir die Welt retten könnten und es auch müssten. Das hat der Herr getan, der uns allen nahe ist. Darum kann Paulus aus dem Gefängnis seiner Gemeinde in Philippi schreiben. „Freut euch im Herrn zu jeder Zeit." Aber auch für den Apostel Paulus folgt daraus nicht ein Hände-in-den-Schoß-legen, sondern er sagt: „Eure Güte werde allen Menschen bekannt."
Als Johannes von einzelnen Gruppen gefragt wird, antwortet er sehr konkret. Jede/r von uns soll nachdenken, was zu tun ihm Johannes sagen würde. Es ist normalerweise keine abgehobene bloß fromme Sache, sondern eine handfeste praktische Tat.
Einen Tipp kann ich freilich Ihnen geben, der sicherlich richtig ist. Wenn Sie heute von der Männerbewegung am Ende des Gottesdienstes gebeten werden, eine Spende für Kinder in Guatemala zu geben, damit sie eine gute Schulbildung erhalten, so haben Sie sicherlich richtig gehandelt. Sie und die, die Ihre Spende erhalten, werden dadurch innerlich frei und können sich von Herzen freuen. So sind Sie offen für den Herrn, der nahe ist und der uns heute im Geringsten unserer Brüder und Schwestern begegnet. Ich darf die Männer bitten, das heurige Projekt der Aktion „Sei-so-frei" vorzustellen.

Christmette

Jes 9,1-6; Lk 2,1-14 (24.12.2000)

Von Herzen wünsche ich allen weihnachtliche Freude. Damit sie aber tief genug verwurzelt sei und nicht als billige Vertröstung vom ersten Gegenwind weggefegt werde, müssen wir uns fragen: Was berechtigt uns, froh zu sein angesichts von so viel Leid und Schmerz in der Welt? Können wir Christen eine ‚Heilige Nacht' feiern, solange unsere Tage so voll von Unheiligem sind? Können wir ehrlichen Herzens

Lieder singen von Licht und Frieden, solange so viel Finsternis und Trauer, Unfriede und Krieg an der Tagesordnung sind? Können wir die Geburt eines Kindes feiern, solange Tag um Tag unzählige Kinder Hungers sterben? Anders gesagt: Können wir nach Auschwitz überhaupt noch Lieder singen?

Wir feiern mitten in der Nacht, weil wir nichts an Finsternis, Unheil, Trauer und Angst verharmlosen oder gar verdrängen wollen. Auch wenn ich jetzt vielleicht glücklich und zufrieden bin, so hat keiner von uns das Glück gepachtet und hat jede und jeder von uns schon Abgründe, Zweifel oder gar Verzweiflung, also Nacht erlebt. Wir alle wissen um die langen Nächte in den Krankenhäusern und Altenheimen oder um die Finsternis in den zahlreichen Krisengebieten und Kriegsschauplätzen dieser Erde.

Nicht der Palast des Herdes, nicht die militärische Macht der Römer, nicht die Volkszählung des Kaisers und nicht die Kultur der Griechen haben die Engel und Hirten der Heiligen Nacht zum Singen und Staunen bewogen, sondern zwei einfache arme Leute - Maria und Josef -, für die in der Herberge kein Platz war, und ein Kind in einer Notschlafstelle, in einer Krippe für das Vieh, also in nicht menschenwürdiger Umgebung.

Dass Gott sich in diesem hilflosen und der Liebe bedürftigen Kind uns zusagt und mitteilt - oder wie Paulus sagt, dass Gott uns in diesem Kinde Jesus alles schenkt, das ist der Grund unserer Freude. Können wir dem unser Lob und Preis, unser Gloria verweigern, der in diesem Kind ganz zu uns herabkommt und selbst ein Teil dieser oft so finsteren und zerstrittenen heillosen Welt wird, der uns also dort abholt, wo wir stehen, solidarisch bis zum äußersten ist?

Was bewegt Gott, Mensch zu werden? Lassen Sie mich mit den Worten des Psalms 8 fragen:
„Herr, unser Herrscher, was ist der Mensch, dass du an ihn denkst, des Menschen Kind, dass du dich seiner annimmst?" Einer der besten Kenner der Psalmen übersetzt im Anschluss an Martin Buber: 'Was ist es um das Menschlein, dass du seiner gedenkst, und um den Adamsohn, dass du so für ihn sorgst?'

'Menschlein', damit ist die Erfahrung meiner Kleinheit gemeint, wenn ich mir angesichts des Sternenhimmels meiner Winzigkeit und Zufälligkeit bewusst werde, aber auch meiner Anfälligkeit von Krankheiten und meiner Zerbrechlichkeit trotz aller Absicherungen, etwa bei Katastrophen.

‚Menschlein', das meint das Begrenzte, Brüchige und Kleine, den Menschen, der nach dem verlorenen Paradies oder dem Sinn des Lebens sucht und allein nicht findet. Menschlein, das ist der Mensch, der nach einem Verkehrsunfall ins Krankenhaus eingeliefert wird und darauf angewiesen ist, dass er gehoben, verbunden, geführt, gefüttert, gepflegt und getröstet wird. ‚Menschlein', das ist der Mensch, wie er uns im Alltag begegnet: unzulänglich, fehlerhaft, erlösungsbedürftig, jeden Tag neu angewiesen auf Vergebung und Trost. Dieses ‚Menschlein' sind wir alle.

Wir feiern heute, dass Gott dieses Menschleins gedenkt, daß er ihn unter dem Herzen trägt, wie jede Mutter ihr Kind neun Monate unter ihrem Herzen trägt und es ihr so ein Herzensanliegen wird.

An dieses Menschlein hängt Gott sein Herz; auf ihn wirft er seinen Blick, mit ihm will er für immer Gemeinschaft. Am eigenen Leib will Gott erfahren, was es um das Menschlein ist. Gott verliebt sich in den Sohn des sündigen Adam und lässt ihn in seiner Not und Schuld nicht allein.

Das Kind, in Windeln gewickelt und in einer Krippe liegend, ist das Zeichen dafür. Oder wie Johannes sagt: „Und das Wort ist Fleisch geworden und hat unter uns gewohnt". Gott ist als Mensch einer von uns. Er nimmt unser Dasein ernst mit all unseren Fragen und Zweifeln; er erleidet wie wir unser Schicksal. Er ist ein Gott zum Angreifen; er lässt sich in die Hände nehmen und sich den Händen von Menschen ausliefern. Nicht nur vorübergehend, sondern für immer will Gott unter uns Menschen wohnen.

Ob verirrt und schwach, ob gefallen und schuldig, ich bin ihm so viel wert. Wir alle sind es, nicht nur die Tüchtigen und Anständigen, nicht nur die Braven und Vorbildlichen, wir alle! Nicht nur die Christen und Juden, sondern alle Menschen, auch der Nachbar, der mir auf die Nerven geht, der Fremde, um den ich einen Bogen mache, der Verzweifelte, der keinen Ausweg mehr sieht.

Gott schaut auf uns schwache und hinfällige Menschen, nicht als Supervisor, Angstmacher oder Aufpasser; Er schaut auf uns nicht von oben herab, sondern er sieht uns in Liebe an. Wer weiß nicht aus Erfahrung, wie sehr wir darauf angewiesen sind, dass uns der andere in Liebe anschaut, und wie wir darunter leiden, wenn der andere wegschaut, uns nicht beachtet oder gar böse sich von uns abwendet. Wir leben davon, dass uns der andere das Angesicht zuwendet, uns so Ansehen gibt. Gottes Antlitz begegnet uns in seinem Sohn Jesus, der die Armen und Niedrigen sieht und aus dem Staub emporhebt.

„Was ist der Mensch, dass du seiner gedenkst? Du hast ihn nur wenig geringer gemacht als Gott, hast ihn mit Herrlichkeit und Ehre gekrönt", fährt der Psalm 8 fort, oder wie es die Weihnachtspräfation ausdrückt: „Einen wunderbaren Tausch hast du vollzogen: dein göttliches Wort wurde ein sterblicher Mensch, und wir sterbliche Menschen empfangen in Christus dein göttliches Leben".

Gott ist da in unserer Nacht und holt uns in sein göttliches Licht. Großes hat der Herr an uns allen getan. Es ist die Frohbotschaft der Heiligen Nacht, dass sich Gottes schöpferische Liebe uns eingefleischt hat. so sind unser Glück und Leid, unser Gelingen und Versagen, unsere Hoffnung und Verzweiflung von ihm getragen. Und wir dürfen gewiss sein, dass sich diese göttliche Liebe nie mehr zurückziehen wird, sondern dass sie heranreifen wird bis zu dem Augenblick, da wir ihn einmal in der Vollendung sehen dürfen von Angesicht zu Angesicht. „Was ist es um das Menschlein, dass du, großer Gott, seiner gedenkst?" - Es ist was es ist - sagt die Liebe. Amen.

Weihnachtstag

Heb 1,1-6; Joh1, 1-18 (25.12.2003)

Wie kein anderes Fest rührt die Geschichte von der Geburt Jesu das Herz wohl der meisten Menschen. Wir haben es heute in der Mette gehört: „Als sie in Bethlehem waren, kam für Maria die Zeit ihrer Niederkunft, und sie gebar ihren Sohn, den Erstgeborenen. Sie wickelte ihn in Windeln und legte ihn in eine Krippe, weil in der Herberge kein Platz für sie war." (Lk 2,7)

Diese Zeilen aus dem Lukas-Evangelium haben gefühlsmäßig im Leben der Christen zu Recht einen ganz großen Platz. Das zeigt sich auch in den zahlreichen Bräuchen, die in der Volksfrömmigkeit rund um dieses Geschehen entstanden sind, angefangen vom Gesang der Engel über die lieblichen Hirtenspiele bis zu den erbaulichen Krippenfiguren. Bräuche haben freilich auch die Gefahr, daß sie ins lieblich Belanglose abgleiten.

Wir müssen uns deshalb die Frage gefallen lassen, ob wir nicht aus der realen Welt in eine idyllisch-romantische Welt flüchten, um es auszuhalten. Basteln wir uns in unseren Krippen etwa eine Scheinwelt, eine Welt, wie wir sie gerne hätten? Die Stadt Linz war ja in diesen Wochen die Stadt der angeblich 1000 Krippen. Sie zierten die Schaufenster der Konsumtempel und die Fenster der Gaststätten gleichsam als kleine Inseln der Seligkeit inmitten der beinharten Geschäftswelt und des vorweihnachtlichen Rummels. Solche Wunschträume sind erst recht in der großen Welt nicht verwunderlich, wenn man offenen Auges durch sie geht und die täglichen Nachrichten hört.

Ein Weihnachtsbrief, den ich in diesen Tagen erhalten habe, bringt das fast drastisch zum Ausdruck: „Wie nie zuvor leben wir in einer Zeit des beinahe allgegenwärtigen Terrors. Er geht aus von großen Staatsmännern, von Soldaten, Chefs und Arbeitern, von Medien und LKWs, von Lobbys und von Schleppern, ...Wir leben in einem Zeitalter der Angst, die die ganze Menschheit erfasst. Angst vor Terroristen und vor der Grippewelle, vor Fettsucht und vor Magersucht,.. Angst vor zu viel oder vor zu wenig, Angst vor Alter, Krankheit und Tod."

Wer aus Bethlehem ein Stück außerirdischer Wirklichkeit macht, ist auf der falschen Fährte, denn Bethlehem ist keine Idylle, damals nicht und heute nicht! Damals war Bethlehem von den Römern besetzt und der Grund, warum Josef und Maria dorthin gehen mußten, um sich aufzeichnen zu lassen, waren die von der Besatzungsmacht auferlegten Steuern; neben der Grundsteuer gab es eine Kopfsteuer für Personen ohne Landbesitz, also auch für Josef und Maria. Die Volkszählung war keine bloße Verwaltungsmaßnahme, sondern die Demonstration von Macht über den ganzen Erdkreis im Stil von Unterdrückung und Ausbeutung zur Finanzierung des kaiserlichen Hofes und zur Erhaltung des Heeres. Jesus wird nicht im gesellschaftspolitischen Niemandsland geboren, auch nicht in einem Palast in Rom, sondern in der besetzten Stadt Bethlehem.

Zwei Wirklichkeiten in derselben Welt: Dem göttlich verehrten Kaiser Augustus, der mit eiserner Faust sein Weltreich regierte, steht der wahre Gottessohn in einer Krippe gegenüber; der „Pax Romana", dem Römischen Frieden, jener Weltordnung, die allen durch Rom aufgezwungen wurde, steht der Friede gegenüber, den Jesus bringt und der von den Hirten besungen wird.
Gottes Sohn ist in diese Welt des Terrors, der Besatzung und der Angst hinabgestiegen, um sie zu befreien und zu erhellen. Das gilt bis heute, denn auch das Bethlehem von heute ist eine besetzte Stadt, eine Stadt voller Angst, in der Bürgermeister vor einer Woche die offiziellen Feiern zum dritten Mal in den letzten Jahren abgesagt hat. Es sind auch nur wenige Pilger und Touristen dort, weil die Gefahren von Attentaten und Terror zu groß sind und unweit davon statt Brücken zueinander Mauern gegeneinander gebaut werden.

Es sollte uns zu denken geben, daß Künstler aller Zeiten die Krippendarstellungen meist in ihre Zeit hineingestellt haben, nicht nur in die Landschaft, sondern auch in das Zeitgeschehen. Da kommen nicht nur die bäuerliche Gesellschaft und ihr Alltag zur Sprache, sondern da wird auch der „göttliche Augustus", das heißt die herrschende Klasse, als Gegenwelt zur Welt Jesu, durch Gutshöfe und Herrschaftshäuser dargestellt.

Seit der industriellen Revolution ist dieser Mut der Gläubigen, das Geheimnis der Menschwerdung in der eigenen Lebenswelt darzustellen, immer mehr zurückgegangen. Müßten nicht heute bei unseren Krippen auch Arbeiter und Angestellte stehen und die Welt der Großen Sieben oder der internationalen Multis, die Börsen und die WTO aufscheinen? Müßten nicht in unseren Krippen die vertreten sein, die meinen durch Geheimdienste oder Militär, durch Geld oder Macht die Welt und deren Lauf zu bestimmen? Müßte nicht die Welt mit ihrer städtischen Dimension mehr aufscheinen und damit die großen Schlagzeilen und die modernen Konsumtempeln, die uns vorgaukeln, den Mensch glücklich zu machen und ihn doch nur als Arbeitskraft und als Konsumenten für die eigene Profitmaximierung gebrauchen?

Wo die heutige konkrete Welt in unserer Weihnachtskrippe ausgeklammert wird, wo also die herrschende Gegenwelt heute ausgeklammert wird, da werden unsere Krippen harmlos und verniedlicht. Wo die Weihnachtskrippe nicht eine Herausforderung für uns heute ist, da wird zugleich die Geburt Jesu wirkungslos.

Wenn das Verharren vor der Krippe nicht zu einem zwar lieblichen, aber letztlich Kindern reservierten Brauch verkommen soll, müssen wir neu uns selber darin wiederfinden: unser Leben, unsere Welt, unsere Ängste und Sorgen, unsere Bedrohungen, aber auch unsere Hoffnungen und unseren Glauben. Und ein erster Schritt im Verweilen vor der Krippe ist dann vielleicht die Frage sein: Wem wird heute göttliche Verehrung zuteil? Wer glaubt heute eine neue Weltordnung durchsetzen zu können ohne Rücksicht auf Verluste? Die Frage an mich wird heißen: Gestehe ich dem Kind auch heute wirklich eine Chance zu, Heiler und Erlöser für diese unsere Welt zu sein?

Gegen die Gefahr der Verharmlosung und Verniedlichung der Menschwerdung Jesu ist es gut, das Weihnachtsevangelium vom Tage aus dem Johannesprolog zu hören, das viel nüchterner feststellt: „In ihm war das Leben und das Leben war das Licht der Menschen. Und das Licht leuchtet in der Finsternis, und die Finsternis hat es nicht erfaßt... Er war in der Welt, und die Welt ist durch ihn geworden, aber die Welt erkannte ihn nicht. Er kam in sein Eigentum, aber die Seinen nahmen ihn nicht auf. Allen aber, die ihn aufnahmen, gab er Macht, Kinder Gottes zu werde." (Jo 1,5.9f)

Vom Evangelium werden die Tatsache der Finsternis und die Möglichkeit der Verweigerung des Lichtes nicht ausgeblendet, denn sie sind eine Realität in der Welt und immer wieder auch in mir selbst. Jesus wird hineingeboren in eine Welt des Terrors und der Angst. Nur so kann die Mitte der Nacht, die in der Welt und gelegentlich in mir ist, zum Anfang eines neuen ewigen Tages werden. Nur so können wir, die Kinder dieser Welt, zu Kindern Gottes werden und seine Gnade und Herrlichkeit empfangen.

Karl Rahner, der große Theologe, war der Meinung, daß Christus zu uns heute sagen würde: „Wenn ihr die Zukunft nach euch allein beurteilt, könnt ihr nicht pessimistisch genug sein. Aber vergeßt nicht: Eure wahre Zukunft ist meine Gegenwart, die heute begonnen hat und nie mehr Vergangenheit wird. Darum ist es doch realistischer gedacht, wenn ihr euch an meinen Optimismus haltet, der nicht Utopie, sondern Wirklichkeit Gottes ist, die ganze Wirklichkeit Gottes, die ich in dem kalten Stall eurer Welt untergebracht habe."

Die Botschaft von Weihnachten ist eindeutig: Der Friede kommt in die Welt durch dieses Kind, nicht durch den Kaiser in Rom. Friede kommt nicht durch militärische Macht, sondern durch die Art und Weise, wie dieses Kind als Erwachsener leben und mit den Menschen umgehen wird; und jeder Mensch, der so wie Jesus zu leben versucht, ist ein Mensch des Friedens.

Friede kommt nicht, indem wir uns denen unterwerfen, die heute in den Zentren der Weltmacht, des Welthandels und der Kaufkraft den Ton angeben, auch wenn sie Glück und Erfüllung verheißen, sondern Friede kommt dadurch daß Gott die Ehre gegeben wird und die Menschen seiner Gnade einander als Brüder und Schwestern anerkennen und geschwisterlich miteinander umgehen.

Ich wünsche Ihnen und mir viel von diesem weihnachtlichen Shalom, von dem Frieden, den die Welt nicht geben kann, der uns aber anfanghaft und unaufhaltsam im Kinde von Bethlehem geschenkt ist – ein Friede, der stärker und größer ist als alle äußere Bedrohung oder nur leibliches Wohlergehen, ein Friede, der die Liebe Gottes ausgießt in unsere Herzen und uns die Gewißheit schenkt, daß uns nichts mehr von ihr zu trennen vermag. Amen.

Weihnachtstag
Tit 3,5-7; Lk 2,15-20 (25.12.2012))

Dass am 21.Dezember die Welt untergeht, das hat wohl kaum jemand von uns geglaubt – und deshalb haben wir uns auch nicht gefürchtet. Ja, nicht wenige haben die Gelegenheit – ob aus Spaß oder teils aus Ernst – genutzt, den guten Ausgang richtig zu feiern.
Sind wir also aus dem Schneider? Also alles ‚paletti'? Nun, wer die Augen offen hat und sich nichts vormacht, der wird daraus nicht folgern, dass alles in bester Ordnung sei. Unsere Welt wird ja von einer Vielzahl von Katastrophen geprägt, angefangen von den Naturkatastrophen bis hin zur Finanzmarkt- und Bankenkrise. Die Frage „Ist uns noch zu helfen?" kann man nicht leichtfertig abtun.
Wie geht es dem Menschen in einer Welt, in der Millionen seinesgleichen verhungern und so oder so tragisch zu Tode kommen, in der Menschen Amoklaufen oder sich in die Luft sprengen und andere mit in den Tod reißen? Manchmal scheint es wirklich, also ob der Krieg der Vater aller Dinge sei – und wenn man den Frieden will, müsse man den Krieg vorbereiten: analog wie jetzt in den USA die mächtige Waffenlobby nach dem letzten Amoklauf noch mehr Waffen fordert. Wohin soll das führen? - Gibt es in dieser Welt, wie sie nun mal ist, noch Menschwerdung?
Ja, die Sehnsucht nach Frieden und Menschwerdung ist groß. Ist also der Wunsch der Vater des Gedanken, dass wir Weihnachten als Fest der Menschwerdung feiern? Ist es ein Traum, von dem wir wünschen, er wäre wahr? Gerät das Weihnachtsfest aber so nicht in Verdacht, Unrecht zuzudecken und vor Missbrauch

und Gewalt, Armut und Hunger die Augen zu schließen? - Wenn dem so ist, dann vertrösten wir uns selbst und können wir das Evangelium auch einreihen unter Grimms Märchen, die ja jetzt auch ein Jubiläum feiern!

Auf sich selbst gestellt hat sich der Mensch immer wieder zu Gott gemacht – und er ist aber seit dem Turmbau zu Babel bis zum Fall der Mauer in Berlin und des eisernen Vorhanges kläglich gescheitert. Ich sehe auch darin einen aktuellen Versuch des Menschen, sich selbst zu Gott zu machen, wo Gott vielleicht nicht für tot erklärt wird, aber Religion und jede Glaubensausübung im öffentlichen Leben verboten und Glaube auf ein persönliches Hobby verkürzt und in die reine Privatsphäre verdrängt wird: „Jeder kann glauben, was er will, nur bleib damit in deinem Wohnzimmer und halte dich heraus aus dem gesellschaftlichen Leben."

Ich bin zutiefst überzeugt: Auf sich selbst gestellt kann der Mensch tatsächlich die Welt nicht retten. Die Botschaft von Weihnachten besagt aber: Gott hat die Initiative ergriffen, indem er selbst Mensch wurde. „Die Kraft des Höchsten" (Lk 1,35) bekommt Gestalt unter uns Menschen. Der Sohn Gottes wird Mensch, indem er sich einlässt in die Geschichte der Menschheit und sein Menschsein herauswachsen lässt aus dieser Geschichte. Gottes Logik der Liebe heißt: Er kommt von oben, indem er von unten kommt. „Die Religion des Gottes, der Mensch wurde, ist der Religion (denn sie ist es) des Menschen begegnet, der sich zum Gott macht." (Paul VI)

Was das 2. Vatikanische Konzil im wahrscheinlich meist zitierten Satz am Beginn der Pastoralkonstitution „Die Kirche in der Welt" von den Jüngern Christi sagt, gilt zunächst und radikal von Gott selbst: „Freude und Hoffnung, Trauer und Angst der Menschen aller Zeiten, besonders der Armen und Bedrängten aller Art, sind Freude und Hoffnung, Trauer und Angst des menschgewordenen Gottes Jesus. Es gibt nicht wahrhaft Menschliches, das nicht in seinem Herzen Widerhall gefunden hätte", denn er ist wahrhaft Mensch geworden, in allem uns gleich, außer der Sünde!

Es ist Gottes Sympathie zu jedem Menschen und seine Empathie mit jedem, die ihn Mensch werden ließen. Er selbst hat grundsätzlich und ein für alle Mal – bildlich gesprochen - die Rettungsgasse in die Straße der Menschheit eingeführt, ohne die so manche menschlich verursachte Betriebsunfälle ins mögliche Verderben führen würden.

„Seit Bethlehem gibt es eine Antwort auf die Sehnsüchte des Menschen: die durch Gott selbst geadelte Menschlichkeit eines jeden von uns. In dem Maß, in dem sich in meinem Gesicht die Verletzlichkeit, die Hilflosigkeit, der Schmerz, aber auch das Lächeln des Kindes von Bethlehem widerspiegeln, in dem Maß, in dem sich ein jeder von uns von diesem Kind bekehren lässt, in dem Maß wird auch die messianische Hoffnung Wirklichkeit. Gewaltverzicht, Solidarität, soziale Gerechtigkeit, Menschenrechte, Achtung vor dem Leben – die Grundwerte unserer Zivilisation bauen letztlich auf dem Glauben an einen liebenden Gott. Weihnachten ist so die Antithese zu Hass und Gewalt." (Bischof Manfred Scheuer)

Im Kinde von Bethlehem liefert sich uns Gott endgültig aus und durchbricht Gott selbst alle unsere alltäglichen Teufelskreise durch die Kraft der göttlichen Liebe. Gott wird einer von uns: eingefleischt in unsere Haut – mit unseren Freuden und auch unseren Schmerzen – bis hinein in die menschlichen Abgründe.

Brüche des Lebens werden seither nicht mehr verdrängt, sondern gewandelt. Sie sind eingeborgen in das Leben unseres gottmenschlichen Bruders. Durch ihn dürfen wir ‚basic trust' (Urvertrauen) haben, weil er die Basis radikal, von der Wurzel her, geheilt hat. Seit dem Kinde von Bethlehem stimmt das bekannte Wort: „Jedes Kind bringt die Frohbotschaft, dass Gott sein Vertrauen in die Menschheit nicht verloren hat", denn durch Jesus schreibt Gott das Zeichen der Würde der Gotteskindschaft auf jedes Menschen. Das Kind von Bethlehm verweist uns durch alle Sorgen und Mängel hindurch auf das gelingende Leben.

„Erschienen ist die Güte und Menschenliebe Gottes, unseres Retter." (Lesung) Dafür wollen wir mit den Hirten Gott rühmen und ihn preisen für das, was wir hören und sehen.

Deshalb gilt allen Menschen das weihnachtliche „Fürchtet euch nicht!" vor allen, die sich eurer Ängste bedienen, um euch klein zu machen. Lasst euch nicht von denen ins Boxhorn jagen, die sagen: „Da kann man sowieso nichts machen!" Auch wenn dies und jenes beklagenswert sein mag, wir sollen nicht blind vor Sorgen werden oder den Kopf in den Sand stecken, denn Gott hat selbst endgültig das Heft in die Hand genommen, indem er Mensch wurde und uns damit auch sagen will: Rechne mit dem Unmöglichen. Die Liebe setzt sich durch. „Machs wie Gott: Werde Mensch!" (Bischof Franz Kamphaus).

In diesem Sinne wünsche ich allen ein sinn- und friedvolles Fest der Menschwerdung des Herrn und der eigenen Menschwerdung. Amen.

Fest der Hl. Familie

Jes 3,2-6.12-14;Lk 2,41-52 (30.12.12)

Am Sonntag nach Weihnachten feiert die Kirche das ‚Fest der Heiligen Familie' und meint damit zunächst Josef, Maria und Josef. Häufig wurde dieses Fest benutzt, um den Familien zu sagen, wie sie leben müssten, um ein gute katholische Familie zu sein. Dieses Idealbild war nicht selten seit dem 19. Jahrhundert das Bild einer braven bürgerlichen Familie.

Dazu ist zu sagen: Die heilige Familie gab es und gibt es nicht. Ja, auch das Bild, das die Nazarenermaler von Jesus, Maria und Josef gemalt haben und das noch in manchen Schlafzimmern hängt, ist abgesehen von der mangelnden künstlerischen Qualität mehr Schein als Sein: Nicht von ungefähr hat deshalb ein moderner Maler einmal die Gottesmutter Maria gezeichnet, wie sie dem Jesus Hiebe gab.

Dass es Konflikte auch in der sogenannten Heiligen Familie gab, davon erzählt beispielhaft das heutige Evangelium. Es ist ein schmerzhafter Ablösungsprozess des Kindes Jesus von den Eltern am Beispiel seines Bleibens im Tempel geschildert, damit Jesu in seine eigene Berufung und Sendung hineinwächst. Einerseits ist die Angst der Eltern verständlich, andererseits braucht es das Ringen

Jesu um seine Selbständigkeit und Unabhängigkeit. Wer kennt nicht diese Situation: die Eltern, die nicht verstehen, wie ihr Kind ihnen diesen Schmerz zufügen kann, und der Sohn, der nicht einsieht, weshalb seine Eltern ihn nicht seinen eigenen Weg gehen lassen wollen?!
Indem der Evangelist Lukas die Intelligenz und Schlagfertigkeit des zwölfjährigen Jesus hervorhebt, will er in einer damals üblichen literarischen Gattung vom österlichen Licht her auf die besondere heilsgeschichtliche Sendung Jesu hinweisen und Jesus ins rechte Licht rücken. Für mich ist diese Begebenheit irgendwie vergleichbar mit der jüdischen Bar Mizwa, bei der die zwölfjährigen jüdischen Knaben berechtigt werden, auch selbst in der Synagoge das Wort Gottes zu lesen, und es ist vergleichbar mit dem christlichen Sakrament der Firmung, bei dem auch von Gott her die Ablösung des Jugendlichen vom biologischen Elternhaus durch Gott bestärkt und besiegelt wird. Wenn Jesus bei Lukas darauf hinweist, dass er in dem sein muss, was seines Vaters ist, so sind diese ersten Worte Jesu schon ein versteckter Hinweis auf seine letzten Worte bei Lukas: „Vater, in deine Hände lege ich meinen Geist". (Lk 23,46)

Wer mit ehrlichen Augen auf seine eigene Herkunftsfamilie oder jetzige Familie schaut, wird auch gestehen, dass es verschiedene Seiten der Familie gibt: Da ist einerseits die große Wärme und Geborgenheit, die wir erfahren haben, verbunden mit unwahrscheinlichen Momenten des Glücks. Da sind aber auch die Erinnerungen an großes seelisches Leid und manche Qual. Manche bleiben sogar zeitlebens geschädigt, denn der häufigste Ort sexuellen Missbrauchs (zwischen 80 und 90 Prozent) ist leider bei weitem die Familie, auch wenn die Presse vor allem vom Missbrauch in kirchlichen Heimen geschrieben hat. Bekannt ist auch, dass es leider nicht wenig Gewalt auch in Familien gibt.
Wir wissen, dass gerade zu hohe Erwartungen wie jetzt zu Weihnachten eher zu familiärem Unfrieden und zu Streit als zu weihnachtlichem Frieden und zu Harmonie führen.

Weil viele Eltern auch mit ihrer Erziehungsaufgabe immer mehr an ihre Grenzen stoßen, hat die Telefonseelsorge in diesem Jahr das Eltern-Telefon eingerichtet. Als Mitglied des Kuratoriums des ökumenischen Notrufdienstes darf ich heute bewusst darauf hinweisen.

„Es gibt Tage, an denen Väter und Mütter einfach mit ihren alltäglichen Herausforderungen nicht zurechtkommen, jemanden zum Reden brauchen und mit einer neutralen Person über ihre Erziehungsschwierigkeiten, Sorgen und Ängste sprechen wollen. Genau dafür bietet das Eltern-Telefon ein kostenloses, vertrauliches und rund um die Uhr erreichbares Beratungsangebot, ein offenes Ohr, Entlastung und Unterstützung" (Leiterin der Telefonseelsorge Silvia Breitwieser).

Dass diese familiären Bindungen bei Freude oder Leid so tief gehen, kommt wohl durch die tiefen Wurzeln und deshalb auch Emotionen, die uns mit unseren Familienangehörigen verbinden.

Am Beginn der Heilsgeschichte stehen übrigens auch die turbulenten Familiengeschichten des Abraham, des Jakob und des Isaak. Wir wissen, dass es auch da krumme Touren gab, etwa die Eifersucht zwischen der Frau Abrahams Sarah und seiner Dienerin Hagar, die Betrugsgeschichte zwischen Jakob und Esau oder der aus Neid verursachte Verkauf des Josef durch seine elf Brüder an ägyptische Kaufleute.

Der Hintergrund der heutigen Lesung ist übrigens ein Streit zwischen den beiden Frauen des Elkana, der zunächst kinderlosen Hanna und deren Rivalin und mehrfachen Mutter Pennina. Hanna hat Gott um ein Kind angefleht und gebiert schließlich Samuel. Wenn sie, wie wir hörten, im Tempel für ihren Sohn Samuel dankt und über das göttliche Geschenk des Sohnes nicht verfügen will, sondern dem Priester Eli anvertraut, so heißt dies wohl auch, dass die Weitergabe von Leben nicht bloß ein einklagbares Recht und eine kalkulierbare menschliche Produktion - womöglich im Labor, unabhängig von der Liebe zwischen Mann und Frau – ist, sondern dass jedes Kind Geschenk Gottes und Teilhabe an seiner

Schöpferkraft bleibt. Es wäre wünschenswert, wenn dies auch die heutige so genannte Reproduktionsmedizin mit bedenken würde!

Für mich ist es tröstlich, dass das AT so realistisch ist, denn das heißt, dass Gott auch auf unseren krummen Zeilen nochmals gerade schreibt. - Dies dürfen wir auch für unsere Zeit hoffen: Einerseits genießen Verbindlichkeit, Treue und Familie bei den Jugendlichen gegen alle Kinowelt hohe Werte, andererseits freilich reicht der gute Wille allein nicht aus und es scheitern viele Beziehungen und Ehen und es bilden sich viele neue Formen von Familien, die sogenannten Patchwork-Familien.

Die biblischen Geschichten können uns Mut machen, dass auch wir auf das Gescheiterte und das Zerbrochene in unseren Familien schauen und darüber mit Gott und mit Menschen des Vertrauens oder auch mit einem Seelsorger zu reden kommen. Wenn wir für Gottes Wirken offen sind, dürfen wir darauf vertrauen, dass auch dieser Teil der Familie von Gott getragen und begleitet ist und dass er Heilsgeschichte wirkt, ob es sich nun um aufrechte eheliche und familiäre Beziehungen handelt, um Geschiedene und Wiederverheiratete, um Singles oder um andere von Treue und Verantwortung geprägte Beziehungen.

Freilich ist jeder Tag und in gewisser Weise zumal auch das Ende eines Jahres die besondere Einladung, über unseren Schatten zu springen und dem Partner, der Partnerin, den Eltern und Kindern, den Geschwistern und Großeltern die Hand der Versöhnung zu reichen, um unbelasteter und freier in das neue Jahr zu gehen.

Wie uns die Psychologen sagen, ist auch die Lebensmitte entwicklungspsychologisch eine besondere Einladung, nicht ständig noch weiter diesen oder jenen der lebenden oder verstorbenen Angehörigen die Schuld zuzuteilen, sondern sich auch mit den dunklen Anteilen, die zu jeder Familiengeschichte gehören, zu versöhnen zu einer „new fellowship" (Ericson), zu einer neuen Gefährtenschaft, und die eigne Verantwortung für das Maß des jeweils Möglichen zu übernehmen.

Der Friede, der uns in jeder Eucharistiefeier zugesprochen wird, möge uns auch Antrieb und Kraftquelle sein, in der eigenen Familie Werkzeug des Friedens zu sein. Amen.

Erscheinung des Herrn

Jes 60,1-6; Mt 2,1-12 (6.1.2004)

Bei meiner Altjahrespredigt 2002 habe ich angekündigt, daß ich im Jahre 2003 drei Monate auf dem Jakobsweg nach Santiago de Compostela unterwegs sein werde. Ich habe damals gesagt: „Ich bin guter Zuversicht, bereichert und neu gestärkt in der Gewißheit heimzukehren, daß alle unsere Wege nicht ein Ende haben, sondern wie eine Wallfahrt ein positives Ziel und eine heile und heilige Vollendung – eine Gewißheit, die ich gerne auch in den kommenden Jahren als Frohbotschaft den Menschen auf ihren Wegen in Wort und Tat bezeugen möchte".
Was ist von meinem Vorhaben geblieben? Bin ich jetzt sozusagen mit beiden Füßen am anderen Ufer, also jenseits aller Fragen und Zweifel? Keineswegs! Das habe ich auch nicht erträumt! Für mich ist diese Pilgerwanderung ein Symbol menschlichen Lebens, d.h. der Jakobsweg (wie auch jede andere geistliche Wallfahrt) ist ein körperlich sinnenhafter Ausdruck des inneren Unterwegsseins des Menschen.
„Die längste Reise ist die Reise nach innen", meint Dag Hamarskjöld - und diese dauert ein Leben lang. Darum ist jedes geographische Ans-Ziel-kommen zugleich nur eine Vertiefung des eigentlichen inneren Weges. Auch wenn wir uns zeitlebens einüben, den Herrn anzubeten, das endgültige ewige Licht wird uns erst in der Nacht des Todes aufgehen. So lange währt der Weg des Glaubens, auf dem es immer wieder gilt, nach oben zu blicken, um die rechte Orientierung nicht aus dem Auge zu verlieren.

Ich bin einem Weg gefolgt, den vor mir, angeblich schon in vorchristlicher Zeit dem Licht der Milchstraße folgend, Millionen von Menschen gegangen sind und auf dem mit mir auch jetzt viele unterwegs waren.

Es waren zwar keine äußeren Lichtzeichen, denen ich folgte, aber der Stern ist ein wesentliches Symbol des Jakobsweges: immer wieder tauchte er als Wegweiser von Osten nach Westen auf, er zog gleichsam mit einher, bis er schließlich bei einem „Feld des Sternes" (Campus stellae = Compostela) stehenblieb. Die Gründungslegende von Santiago de Compostela besagt ja, daß ein Hirte namens Pelayo zu Beginn des 9. Jahrhunderts das schlichte grasüberwachsene Apostelgrab dank geheimnisvoller „Sternenlichter" aufgefunden hat.

Warum ich das heute sage? – Weil ich fest überzeugt bin, mich damit dem Weg der Sterndeuter aus dem heutigen Evangelium anzuschließen und dadurch in guter Gesellschaft zu sein. Für mich sind mit den Sterndeutern, die im Osten aufgebrochen sind, um dem Stern zu folgen, alle Menschen gemeint, die auf der Suche sind. Oder anders gesagt: die Sterndeuter sind Sinnbild und Vorbild für jeden Menschen. Irgendwo sollte sich jeder Mensch in ihrer Gesellschaft wiederfinden. Was braucht es dazu?

Da ist zunächst das unruhige Herz des Menschen, so wie Augustinus sagt: „Das unruhige Herz ist die Wurzel aller Pilgerschaft. Im Menschen lebt eine Sehnsucht, die ihn hinaustreibt aus dem Einerlei des Alltags und aus der Enge seiner geordneten Umgebung. Alle Wege, zu denen der Mensch aufbricht, zeigen ihm an, daß sein ganzes Leben ein Pilgerweg zu Gott ist."

Ich wünsche uns allen zeitlebens diese heilige Unruhe, die uns fragen und suchen läßt, eine Hoffnung , die ermuntert, aufzubrechen und wie die Sterndeuter Vertrautes hinter sich zu lassen.

Es ist derselbe Stern der Sehnsucht, der die Hirten und die heidnischen Sterndeuter damals aufbrechen ließ. Es ist derselbe Stern, der heute kirchlich sozialisierte auch viele andere suchende Menschen den Jakobsweg gehen läßt.

Es ist derselbe Stern, der suchende und fragende Menschen weiter suchen und nicht mit vorschnellen Antworten dieser Welt zufrieden sein lässt. Es ist der Stern von Bethlehem, wenn und solange ein Mensch nach dem Einen Notwendigen sucht.

Auch wenn die Zahl drei gar nicht im Evangelium vorkommt, spricht sich darin eine Wahrheit unseres menschlichen Unterwegsseins aus, die ich auf dem Pilgerweg erfahren habe und die vor allem für den Lebensweg jedes Menschen gilt. Im Bilde von Sieger Köder ist dies gut festgehalten. Es ist nicht möglich, diesen Weg allein zu gehen und das Ziel zu finden. Um den Lebensweg zu meistern und das Ziel zu finden, bedarf es eines gemeinsamen Aufbruchs, der gegenseitigen Bestärkung und der geschwisterlichen Hilfe.

Der Aufenthalt in Jerusalem zeigt, daß zwischen dem ersten Aufscheinen und dem Am-Ziel-Sein eine lange Wegstrecke liegt mit Fragen, Zweifeln und Stolpern, mit Suchen, Finden und neuem Suchen. Wir Menschen sind auf diesem Weg aufeinander angewiesen, weil sich, wie das Bild andeutet, der eine besser in den alten Schriften auskennt, der andere im Deuten der Erfahrungen der Vorfahren, der dritte sich vielleicht am Himmel besonders gut zurechtfindet. So werden Menschen immer wieder füreinander zu hilfreichen Weggefährten, die Gefahren überwinden, und zu Zeugen des wahren Lichtes, das sich nicht vom oberflächlichen Glanz der Macht in Jerusalem blenden läßt.

Es tut gut, sich von verläßlichen Zeugen begleitet zu wissen, die aus demselben Geist, derselben Hoffnung und demselben Glauben schon gesucht, gefragt und geschaut haben. Das ist bei allem Weh und Ach, das es auch im Volke Gottes gibt, die bleibende und unersetzbare Aufgabe der Gemeinschaft der Kirche als Volk Gottes unterwegs! Wir brauchen dringend einander als Wegbegleiter!

Es ist nämlich nicht selbstverständlich, auf dem rechten Weg zu bleiben, den langen Atem der Geduld und die Ausdauer der Liebe zu haben und seine Sternstunde wirklich erst dort zu erwarten, wohin unsere Sehnsucht zielt: beim Kinde in Betlehem, bei der Ohnmacht der Liebe, bei der Einfachheit der Hirten, beim Stall in Betlehem und nicht schon im Palast des Herodes, also in innerweltlicher Fülle und Macht.

Es tauchen am Horizont der Geschichte immer wieder Lichter auf, die als „die Sternstunde" der Menschheit gefeiert werden, sich aber immer wieder als Zwielichter oder gar Irrlichter entpuppen. So eine Sternstunde war angeblich der 16. Juni 1969, als die erste Landung eines Menschen auf dem Mond eine weltweite Euphorie ausgelöst hat. Welcher bleibende innere Glanz auf des Menschen Antlitz ist davon geblieben? Neueren Datums war für manche der 14. April 2003 eine solche Sternstunde, als die Daten des menschlichen Genoms bekannt gegeben wurden. Heute schon beginnt man zu zweifeln, was daran Segen ist und was womöglich daraus zu befürchten ist.

Immer wieder machen wir im Leben der Menschheit und im persönlichen Leben die Erfahrung: Nicht alles, was glänzt, ist der Stern, der nach Bethlehem führt. Auch im persönliches Leben bedarf es immer wieder der Orientierung und der Unterscheidung der Geister, der Stars und der Sterne, ob wirklich die nächsten Sprossen der Karriereleiter, ein verlockendes berufliches Angebot auf Kosten der Familie oder ein Freizeitsport, der jedes Wochenende aufzufressen droht, ein Stern ist, dem es zu folgen gilt, oder ein Irrlicht, das in Gefahr ist, vom rechten Weg abzubringen.

Neben dem Eingebundensein in die Gemeinschaft des Volkes Gottes bedarf es wie bei den Sterndeutern der Zeit der Stille, damit zum Licht, das mir durch den anderen aufgeht, auch das Licht von oben kommt. Die Zeichen erkennen kann man nicht im Vorübergehen. Glauben, das hat man auch nicht ein für alle mal. Dazu braucht es auch wie auf einem langen Pilgerweg immer wieder, d.h. zeitlebens, Zeit zum Nachdenken und Besinnen: Woher komme ich, wo stehe ich und wo will ich hin? Es bedarf der sonntäglichen Einkehr, der feiertäglichen Pause.

Wir sind auf das Licht ausgerichtet. Wir können eigentlich gar nicht anders. Ein Sprichwort sagt: „Binde deinen Wagen an einen Stern". Wir sollen aber unser Leben nicht kurzfristig und kurzsichtig an irgendwelche Starlets und Stars, an heute aufleuchtende und morgen verloschene Sternschnuppen binden, an Sterne der Macht oder des Besitzes, an den Glanz von Titeln und Auszeichnungen, die doch schnell verlöschen, sondern binden wir immer wieder neu unseren Wagen an den Stern, der uns vorbei an den Irrlichtern und am Blendwerk falscher Versprechungen zum Licht hinführt, der vom Kinde zu Bethlehem ausgeht. Das heutige Fest will uns sagen, daß es immer wieder darum geht, den wegweisenden Stern unter den vielen Lichtern am Horizont der je eigenen Lebensgeschichte zu entdecken und zu deuten.

Mit dem Sternenlicht von Bethlehem in ihren Herzen und mit überaus großer Freude gehen die Sterndeuter zurück, wo sie hergekommen sind. Ich wünsche uns allen, daß auch wir als geschwisterliche Gemeinschaft hier in Jesu Christi Gegenwart bestärkt werden, uns über das schon Erreichte freuen und mit neuem Mut in unseren Alltag auch dieses Jahres hineingehen – und so den Alltag auch als den Ort entdecken, wo Himmel und Erde sich berühren, also wo uns der Stern, der unserem Leben Richtung und Halt gibt, immer wieder tröstlich und verheißungsvoll aufscheint und begleitet. Amen.

2. Sonntag
1 Kor 12,4-11; Jo 2,1-11 (14.01.07)

Es war in dieser Woche bei einem Rückblick auf die letzten fünf Jahre in einem pfarrlichen Fachausschuss: Es wurde Verschiedenes lobend und auch kritisch vermerkt. Insgesamt war es aber ehor so, dass die eine meinte, dass sie eher im Hintergrund mitarbeite als eigene Ideen einzubringen; jemand anderer wiederum sagte, lieber kreative oder auch spirituelle Akzente setzen zu wollen; schließlich wiederum meinten welche, bei Festen gerne auch die Rolle des Gestaltens und Bedienens zu übernehmen. Es war ein ehrliches und gutes Gespräch, das trotz der Feststellung von einseitigen Begabungen für mich nichts Negatives an sich hatte,

sondern vielmehr eine Widerspiegelung dessen war, was Paulus heute an die Gemeinde in Korinth schreibt:
„Es gibt verschiedene Dienste, ... es gibt verschiedene Kräfte, die wirken.... Dem einen wird vom Geist die Gabe geschenkt, Weisheit mitzuteilen, dem anderen durch den gleichen Geist die Gabe, Erkenntnis zu vermitteln, dem dritten im gleichen Geist Glaubenskraft, einem anderen die Gabe, Krankheiten zu heilen, ...".
Wir dürfen uns freuen, so verschieden zu sein und verschiedene Gaben und Begabungen zu haben. Das ist eine ganz große Bereicherung! Es ist nicht richtig, sich mit anderen zu vergleichen. Vergleichen tut weh, sagen die Psychologen. Am Ende meines Lebens werde ich einmal sicherlich nicht gefragt, ob ich Einstein oder Mozart, mein Nachbar oder mein Mitbruder, sondern ob ich Walter Wimmer gewesen bin
Freilich kann Verschiedenheit allein auch zu Turbulenzen bis hin zu Aus- und Gegeneinander des Turmbaues zu Babel führen. Für Paulus war es damals wohl eher die Erfahrung, dass manche ihre christliche Freiheit oder auch einseitige Frömmigkeit in falsch verstandenem Enthusiasmus oder auch Fanatismus missverstanden haben. Deshalb führt er einen wichtigen Grundsatz ein, der zum Geschenk der Verschiedenheit hinzukommen muss, damit es nicht aus den Bahnen dessen gerät, was dem Menschen und seiner Mitwelt, zumal einer christlichen Gemeinde, gut tut. Alle Vielfalt bedarf zugleich einer Einheit, die aus einer Wurzel kommt, dem einen Gott und dessen einen Geist, und einer Zielsetzung, nämlich dem gegenseitigen Nutzen zum Aufbau einer lebendigen Gemeinde. „Jedem wird die Offenbarung des Geistes geschenkt, damit sie den anderen nützt." So lautet bis heute das Kriterium aller legitimen Vielfalt.
Damit ist eine EGO – AG, wie sie heute von manchen gelebt wird, nicht dieses Geistes, des göttlichen Geistes Kind, aber auch einem Helfersyndrom wird nicht das Wort geredet, wenn jemand allen nützen will, nur nicht sich selbst. Letzteres war wohl nicht selten die ungesunde Frucht einer gut gemeinten, aber letztlich falschen christlichen Erziehung, wo in der Trias von Gottes-, Nächsten- und Selbstliebe die Selbstliebe vergessen wurde.

Zurück zum eingangs erwähnten Gespräch in einer pfarrlichen Gruppe. Es war für mich Spiegelbild dessen, was auch in der letzten Pfarrgemeinderats-Periode 2002-2007 von sehr, sehr vielen in der Pfarrgemeinde zum Segen und zum Nutzen der ganzen Gemeinde getan und gelebt wurde. Damit meine ich fürwahr nicht nur jene, die ein offizielles Mandat hatten, sondern wirklich alle, die irgendwie teilnehmen am Leben der Gemeinde, angefangen vom PGR, den Fachausschüssen, den vielen liturgischen Aufgaben und Besuchsdiensten, den Mitgliedern der verschiedenen Chöre und Runden, den Mitarbeiterinnen in Pfarrhof, Kindergarten, Mesnerei, den Kindern und Jugendlichen, die sich in den Gruppen treffen, vor allem auch all jene, die immer wieder zu den Gottesdiensten kommen und mitfeiern und auch alle, die gerne kämen und nicht können, aber im Gebete mit uns verbunden sind, und bis hin zu jenen die ihre Solidarität auch durch ihren jährlichen Kirchenbeitrag bekunden. Ihnen allen ein herzliches und ehrliches „Vergelt`s Gott!".

Es ist die Verschiedenheit, Farbigkeit und Vielfalt der Geistesgaben in unserer Gemeinde zum gegenseitigen Nutzen, aber zugleich die letzte Einheit in dem einen Herrn und Geist, die unserer Gemeinde lebendig erhalten.

Was nur der eigenen Selbstdarstellung dient, kann sich nicht auf den Geist Jesu berufen. Wahres Leben ist nämlich Beziehung und Gottes Gaben sind Beziehungsgaben, die uns geschenkt sind, um mit uns, mit der Welt und mit Gott etwas Besseres anzufangen.

Ich weiß um die Angst unserer weltweiten Kirche als erstem ‚Global Player', gegen die Gefahr des Zerfalls die Einheit durch allzu strengen Zentralismus garantieren zu wollen und dabei die notwendige und berechtigte Vielfalt zu vernachlässigen. Ich hoffe, dass das Wort des Augustinus immer wieder neu zum Maßstab der Kirchenreform wird: „Im Notwendigen die Einheit, im Übrigen die Freiheit, in allem die Liebe."

Damit auch in den nächsten Jahren unsere Pfarre diese lebendige Vielfalt in der notwendigen Einheit widerspiegelt, lade ich Sie nochmals ganz herzlich ein, sich etwas Zeit zu nehmen und nachzudenken, wen Sie als Kandidatinnen und

Kandidaten für die nächste PGR-Periode vorschlagen: Menschen, die ihr Alter, ihre soziale Beheimatung, Ihr Wohnviertel vertreten, aber auch andere, damit alle Altersgruppen, sozialen Milieus und Wohnviertel vertreten sind.
Schreiben Sie diese Vorschläge auf die bei den Urnen aufliegenden Folder. Bedenken Sie, dass niemand automatisch wieder im Pfarrgemeinderat ist, d.h. dass auch die bisherigen Pfarrgemeinderäte neuerlich der Nennung durch Sie bedürfen, um wieder wählbar zu sein!

Bei dem angesprochenen Grundsatz, dass Leben Beziehung ist, geht es nicht bloß um eine soziologische Erkenntnis, sondern der letzte Grund dafür ist, dass Gott selbst in unserem Glauben keine Monade ist, sondern ein dreifaltiger Gott, d.h. liebende Beziehung in sich selbst. Die Dreifaltigkeit ist keine höhere Mathematik, sondern der Versuch, dieses Geheimnis der Einheit in Vielfalt und der Vielfalt in der Einheit auszusagen. Durch die ganze Bibel hindurch offenbart sich Gott deshalb als ein beziehungsfähiger und beziehungswilliger Gott, der diese Beziehung zu uns Menschen endgültig und unwiderruflich in Jesus Christus als Bund der Liebe besiegelt.

Christlicher Glaube ist also kein strenger Monotheismus. Und es ist religionsvergleichend nicht uninteressant, dass unser christlicher Glaube eine Mittelstellung zwischen dem strengen Monotheismus des Judentums und des Islam auf der einen Seite und dem sehr menschlich gefärbten Vielgötterglaube etwa eines Hinduismus auf der anderen Seite hat. Der strenge Monotheismus scheint gefährdet zu ein, zum aggressiven Fanatismus zu neigen, die hinduistische Variante scheint die Göttlichkeit fast zu verlieren und in Beliebigkeit aufzulösen. Jede Beziehungswirklichkeit vermindert eigentlich jegliche militante Monopolstellung.

Beziehung ist Leben – deshalb wohl das irdisch Kostbarste. Zugleich aber dadurch auch etwas stets Gefährdetes und Bedrohtes, zumal niemand eine Beziehung in den (Be-)griff bekommt. Das wäre der Anfang vom Ende!
Von der wohl irdisch schönsten und beglückendsten Beziehung spricht das Evangelium im bekannten Evangelium von der Hochzeit von Kana. Nicht von

ungefähr stellt der Evangelist Johannes diese Begebenheit gegenseitiger bräutlicher Liebe als Verdichtung aller menschlichen Liebe an den Anfang. Es geht ihm nicht darum, einen Weinskandal von damals zu berichten oder eine nette Begebenheit, in der Jesus aus einer Verlegenheit hilft, sondern Johannes will in diesen dichten Bildern der ehelichen Liebe auch von deren Krisenanfälligkeit, aber auch von deren möglicher Therapie sprechen.

Von dem vielen, was es über diese Erzählung zu sagen gäbe, möchte ich am Schluss nur einen Gesichtspunkt herausheben: Der Wein kann ausgehen, d.h. das Fest ist gefährdet – ein Bild für die Flüchtigkeit dessen, was Glück, Freude, Leben verspricht, - ein Bild für die Brüchigkeit und Zerbrechlichkeit jeder Beziehung. Ein häufiger Grund dafür ist, wenn die beiden Partner nicht mehr mit der ihnen zugedachten, immer auch beschränkten Gabe einander ergänzen und bereichern, sondern der eine an den anderen unausgesprochen die Erwartung stellt, alles zu sein. Partner drängen einander nicht selten in die Rolle, für ‚alles Glück und alle Hoffnungen' zuständig zu sein. Weil Menschen aber fehlerhaft sind und diesem Idealbild gar nicht entsprechen können, kommt es immer wieder zu Enttäuschungen und Frustrationen.

In der Aufforderung Jesu, das Wasser des Alltags, also das je dem Einzelnen Mögliche in die leeren Krüge zu schütten und es Gott zu überlassen, liegt die Ermunterung zum Vertrauen auf Gott, ein Vertrauen, das von diesem „Terror des hohen Anspruchs" befreit und lehrt, „mit dem Fragment des Glücks auf Erden zufrieden zu sein". (Paul MichaelZulehner)

Wir leben hoffentlich alle in einer Beziehungswelt, denn Beziehung ist Leben. Ich wünsche uns allen, ob verheiratet oder unverheiratet, ob befreundet oder verwandt, dass wir mit unseren je verschiedenen Begabungen einander ergänzen und fördern, aber auch nicht überfordern, weil keiner alles können braucht, viele allerdings sehr vieles zustandebringen. Das Vertrauen auf Gott als Quelle, Mitte und einmal ewige Vollendung all unseres Seins und Tuns darf uns zugleich von allen perfektionistischen Erwartungen und Forderungen aneinander entlasten. Gott allein genügt und er lässt uns zufrieden sein mit dem hier auf Erden immer nur möglichen Fragment, also Stückwerk von Glück. Amen.

2. Sonntag

1 Kor 12,4-11; Joh 2,1-11 (20.1.13)

Die Erzählung von der Hochzeit zu Kana, zu der auch Jesus und seine Jünger geladen waren, ist uns seit Kindheitstagen bekannt. Und doch lohnt sich immer wieder neu ein Blick auf dieses so genannte erste „Zeichen", das Jesus getan hat und das den Glauben seiner Jünger bestärkte. Ich möchte drei Gedanken dazu einbringen.

Ein erster Gedanke: Jesus ist ganz Mensch geworden und jeder Mensch braucht auch Feste. Das ist wohl etwas, das ihn von Johannes dem Täufer unterscheidet und auf jeden Fall von der Sekte der Qumraner, die im Kampf zwischen Licht und Finsternis fast nur die Dunkelheit des Daseins sahen. Jesus ist kein religiösfundamentalistischer Fanatiker, der sich selbst aus dieser Verwechslung zwischen eigener Enge / Angst und Gottes großer Weite in die Luft sprengen würde, um so angeblich das Reich Gottes und seine eigene Märtyrerkrone mit Gewalt herbei zu zwingen. Dies entspricht fürwahr auch nicht dem recht verstandenen Glauben der Muslime, ja keiner echten Weltreligion.

Jesus lässt sich auch zu Festmählern einladen, ist er doch gekommen, damit die Freude in uns sei und diese Freude vollkommen werde. Er ist kein Misanthrop, kein Spassverderber und kein weltfremder Aszet, der zum Lachen in den Keller geht. „Fresser und Säufer" (Mt 11,19) haben ihn deshalb die ihm feindlich gesinnten Schriftgelehrten genannt.

Ich wehre mich dagegen, wenn man unausgesprochen meint, man sei besonders katholisch, wenn man streng, sprich ‚ernst' katholisch sei. Wenn Sie daraus eine indirekte Werbung für den Besuch pfarrlicher Feste, z.B. unseres Pfarrballs oder des Faschingsfrühschoppens, heraushören, so liegen Sie durchaus nicht falsch.

Dabei ist hinzuzufügen, dass eine orientalische Hochzeitsfeier bis heute oft 500 oder über 1.000 Gäste miteinander versammelt und sich oft über sieben Tage hinzieht. Es ist meist eine Riesenfeier für das ganze Dorf, denn das schönste Fest des Lebens möchte man so gastfreundlich wie möglich gestalten. Nicht wenige Brautpaare stürzen sich dabei in große Schulden. Ich denke an den Priester, der mir vor 4 Jahren erzählte, dass er einem Paar die Trauung nur zusagen werde, wenn sie sich nicht in haushohe Schulden verstrickten.

Dass dieses erste Zeichen bei einer Hochzeit geschah, ist für mich auch ein beredtes Zeugnis dafür, dass Jesus, auch wenn er selbst nicht verheiratet war, damit ein volles Ja zur geschlechtlichen Prägung des Menschen, zur verantwortungsvollen Erotik und zur leibhaftigen Liebe zwischen Mann und Frau sagt. Und wenn morgen in der Reihe „Beziehungsfallen" das Thema heißt „Berührungslos. Beziehungslos. Warum wir mehr Körperkontakt brauchen", könnte durchaus auch Jesus selbst der Referent sein.

In ihm ist Gottes Wort „Fleisch" geworden, also keine abstrakte Idee oder ein klares Prinzip, sondern ein zutiefst warmherziger und barmherziger Mensch, der sich selbst freuen kann, Freude und Hoffnung der Menschen teilt und bei deren Festen mitfeiert, damit er und wir alle einen Vorgeschmack bekommen für das Fest ohne Ende.

Dass dabei der Wein nicht fehlen darf, ist nicht nur ortsüblich, sondern der Wein steht nicht nur für Frohsinn, Leichtigkeit und Beschwingtheit des Festes, so dass man manche Sorgen vergisst und neu Kraft für den Alltag tankt, sondern der Wein ist in der Bibel auch ein Sinnbild der emotionalen Liebe zwischen Mann und Frau. Es kann ein berauschendes Fest sein, ohne im Rausch zu enden! So ist auch vorstellbar, welche Blamage sich anbahnte, als es hieß: „sie haben keinen Wein mehr."

Ein zweiter Gedanke: Es lohnt sich, einen Blick auf einige Personen zu tun, die eher am Rande und doch sehr wichtig für das Gelingen des Festes sind. Es sind die „Wasserträger"; wir würden heute vielleicht sagen die ‚Weddingplaner' oder

‚Event-Manager' und deren Mann- und Frau-schaft im Hintergrund. Ohne sie würde das Fest gar nicht zustande kommen. Auch die Führungskräfte in der Wirtschaft, in der Politik oder im Sport brauchen einen ganzen Stab dieser Wasserträger, sprich Coaches, samt deren Teams. Bei der Hochzeit von Kana haben sie wohl tatsächlich zuerst das Wasser für die rituelle Reinigung gebracht; nachher haben sie der Anweisung Jesu entsprechend „Füllt die Krüge mit Wasser!" die sechs Krüge mit Wasser gefüllt. Das waren immerhin sechs mal 100 Liter, die vielleicht vom Dorfbrunnen in kleineren Mengen herangebracht werden mussten.

Wenn wir etwa an unser pfarrliches Jubiläumsfest vor gut einem Jahr zurückdenken, dann waren sehr viele Menschen sei es in der Öffentlichkeitsarbeit, in der Liturgie und in den anderen Festlichkeiten mitbeschäftigt. Ja, es war gleichsam wie in einem Orchester, in dem jede/r der Begabung und Ausbildung entsprechend das ihm/ihr Mögliche beigetragen hat. Diese Wirklichkeit, die für unser ganzes Christ- und Kirche-Sein gilt, kommt in der heutigen Lesung sehr gut zum Ausdruck: „Es gibt verschiedene Gnadengaben,… verschiedene Dienste, … verschiedene Kräfte. … Jedem wird die Offenbarung des Geistes geschenkt, damit sie anderen nützt." (1 Kor 12,4-11). Paulus zählt dann beispielhaft verschiedene Begabungen (Charismen) auf. In allem freilich ist derselbe Geist, Gott und Herr!

Wir alle sind Wasserträger in unserer Gemeinde – alle in der je eigenen Berufung; auch ich als Pfarrer bin ein solcher Wasserträger mit meiner Berufung.

Für uns alle soll es tröstlich sein, dass das Wesentliche nicht von uns gemacht werden muss, sondern durch den Herrn geschieht – damals die Wandlung von Wasser zu Wein, jetzt hier in der Kirche die Wandlung von Brot zu Christi Leib. Im Alltag wird alles, was in Liebe geschieht, von Gott in Bausteine des unaufhaltsam auf uns zukommenden Reiches Gottes gewandelt. Ich danke allen „Wasserträgern", die je auf ihre Weise zum Aufbau des Reiches Gottes beitragen.

Ein dritter und letzter Gedanke: Das Symbol der Heiligen Schrift für die Liebe ist der Wein. Er gibt dem Mahl die festliche Note und erfreut das Herz des Menschen. Bei Hoch-Zeiten sind die Krüge der emotionalen Liebe sicherlich voll. Bei Festen geht es den Menschen gut. Ja, wir brauchen die Feste, doch der Großteil des Lebens ist der Alltag.

Was dann, wenn auf Hochzeiten Tief-Zeiten, wenn auf Feste der grauer Alltag folgt? Was dann, wenn der Liebeswein nicht so in Strömen fließt oder gar auszugehen droht? Was dann, wenn die Krüge leer sind?

Jeder schöne Krug ist zerbrechlich, zumal der Krug der Liebe und der Begeisterung.

Wenn der feurige Wein der Liebe und Zärtlichkeit, der belebende Wein des Festes ausgehen sollte und die Krüge ausgetrocknet sind, sollen wir wie in Kana die Krüge mit Wasser füllen – nicht halb, sondern ganz bis zum Rande.

Wasser ist das Symbol des Alltäglichen und der Treue im Alltag. Wasser tragen wir immer bei, indem wir durchhalten und treu bleiben. Auch wenn es momentan ein schlechter Ersatz zu sein scheint, der Herr wird es verwandeln zu noch besserem Wein.

Ich wünsche uns allen, dass wir die Kraft und Ausdauer haben, gerade im oft grauen und ermüdenden Alltag durchzuhalten und das uns Mögliche zu tun und dass wir dadurch – so wie der gute Wein - durch Gärungsprozesse und Krisen hindurch die Erfahrung machen, dass der Wein der Liebe dadurch noch köstlicher, reifer und besser wird. Ich danke allen, die durch Ihre Treue in Familie in freundschaftlichen Beziehungsnetzen, in Pfarre und Gesellschaft durch ihre nüchternen treuen Dienste im Alltag zur Möglichkeit der Verwandlung von Wasser zu Wein und dadurch zu mehr Leben beitragen.

Drei Gedanken zum heutigen Evangelium: Der erste - Jesu Ja zum Feste, zur ehelichen Liebe und zum Feiern von Festen. Der zweite – unser aller notwendiger Dienst als Wasserträger mit den je verschiedenen Begabungen. Der dritte: Das Wasser als Symbol der Treue im oft grauen Alltag und des Durchhaltens auch in schwierigen Zeiten, damit das Wunder der Verwandlung von Wasser zu Wein immer wieder geschehen kann.

Jesus möge zeitlebens unser Kellermeister sein, damit der Wein nicht kippt und sauer wird, sondern wirklich bekömmlich ist! Amen.

6. Sonntag

Jer 17,5-8; Lk 6,17.20-26 (11.Feb.2007)

Der große Denker Blaise Pascal sagte einmal, es sei die Größe und zugleich die Misere des Menschen, dass er frei entscheiden müsse. Ob er will oder nicht, der Mensch steht - zumindest im Rahmen seiner möglichen Freiheit - vor zwei Lebensentwürfen, die jeweils eine verschiedene Antwort auf die von Kardinal König her bekannten Fragen geben kann: Woher komme ich? Wohin gehe ich? Was ist der Sinn des Lebens?

Je nach der Antwort folgt daraus Leben oder Tod, Glück oder Unglück, Segen oder Fluch. Und wenn die Bibel von dieser Alternative spricht, so tut sie dies nicht als positives oder negatives Urteil über einen Menschen, sozusagen als bereits vollzogenes Gerichtsurteil der göttlichen Instanz, sondern als Aufforderung und Einladung, hier und jetzt den rechten Weg zu wählen – nicht als ob Gott gleichsam als absoluter Monarch willkürlich dies forderte, sondern weil die richtige Entscheidung zum Besten des Menschen ist und weil ihm Gott dieses Beste von Herzen schenken will.

Ja, es ist sogar so, dass Jesus Christus für uns alle diese Entscheidung als der neue Adam im positiven Sinn für uns getroffen hat. Freilich gilt es, sie auch anzunehmen, denn gerade in Beziehungen, die von Freiheit und Liebe geprägt sind, gibt es keine Zwangsbeglückung, sozusagen eine ‚Vergewohltätigung'. Es bedarf der Zustimmung des Menschen.

Damit ist keine Rute ins Fenster gestellt oder gar mit Hölle und Teufel gedroht, sondern Jesus ist die Sympathie und Empathie Gottes mit uns Menschen, also der mit uns leidende Gott, der uns den Weg der Freiheit belässt, aber in seiner unendlichen Liebe zur guten Antwort bewegen will. Jeden Augenblick unseres irdischen Lebens – also bis zum letzten Atemzug - ist es möglich, im Ja zu Jesus diese gute Antwort zu geben und somit das Heil zu wirken. Wer jedoch selbst je Liebe erfahren hat, wird die Entscheidung für Jesus und sein Gottvertrauen nicht auf die Sterbestunde aufschieben, sondern hier und jetzt in tätiger Liebe Antwort zu geben versuchen.

Beide Bibelstellen zeigen heute die genannte Alternative auf.
In der Lesung weist der Prophet Jeremia zunächst auf die falsche Entscheidung hin, aus der letztlich Fluch folgt. Sie wird von dem Menschen getroffen, der nur sich selbst sieht und auf die eigene Kraft vertraut. Was zunächst von Kraft strotzte, verdorrt wie ein kahler lebloser Strauch in der Wüste.

Damit ist nichts gegen die Entfaltung der eigenen Talente und Kräfte gesagt, sondern die Rede ist von einer falschen Autonomie des Menschen, der die Beziehung zu Gott, zum Nächsten und zur Umwelt stört und zerstört und schließlich nur auf sich selbst baut.

Die Bibel schildert diesen Prozess der Störung von Beziehungen in den Bildern der ersten Kapitel, angefangen vom Sündenfall im Paradiese bis hin zum Turmbau zu Babel. Da setzt der Mensch sein Können oder seine Machwerke an die Stelle Gottes, biblisch gesagt, er betreibt Götzendienst. Waren es damals vielleicht Fruchtbarkeitskulte, magische Praktiken oder patriarchalische Herrschaftsformen, so können es heute totale Absicherungsmentalität, Vergötzung des Marktes, Turbokapitalismus, Wissenschafts- und Fortschrittsgläubigkeit oder praktischer Materialismus sein.

Sind nicht manche Zeiterscheinungen, etwa der Klimawandel oder auch die Schwierigkeiten, unser Atommüll zu entsorgen, aber auch die scheinbar unüberwindliche eher größer werdende Kluft von Reich und Arm ein Menetekel an der Wand unserer Zeit, dass es höchste Zeit zur Umkehr ist? Sonst geht es uns wie dem Zauberlehrling, der die Geister, die er rief, nicht mehr loswird.

Im persönlichen Lebensrhythmus mag vor allem auch die Lebensmitte, die ‚Midlife-crisis', eine Einladung sein, sich den tieferen Fragen des Lebens neu zu stellen und nach der Erfahrung der eigenen Grenzen die bisherigen oft auch unbewussten Antworten zu revidieren oder neu zu bestärken. Auch wenn Gott mitten im Alltag bei uns ist, so sind und bleiben doch Grenzsituationen, etwa wie die der

Lebensmitte oder eines Schicksalsschlages, Einbruchstore Gottes (Gertrud von le Fort), denen ich mich öffnen sollte.

Jeremia zeigt sodann die positive Entscheidung: das Vertrauen auf Gott. Es ist die Re-ligio, wörtlich also diese Rückbindung an Gott. Er verwendet den Baum als archetypisches Bild für den Menschen: „Er ist wie ein Baum, der am Wassergepflanzt ist und am Bach seine Wurzeln ausstreckt. Er hat nichts zu befürchten, wenn Hitze kommt; seine Blätter bleiben grün; auch in einem trockenen Jahr ist er ohne Sorge; unablässig bringt er seine Früchte."

Das hebräische Wort für Glauben heißt ja, verwurzelt sein in Gott, also von ihm her als Freund und Liebhaber des Lebens seine Energie zeitlebens beziehen, deshalb auch eine eigene Stämmigkeit, also Identität zu gewinnen und gute Blüten und Früchte zu tragen.

Aufgrund dieser Kraft kann man das jedem Mögliche sehr wohl tun, aber das Lebensglück und der Lebenssinn hängen nicht bloß von einem selbst ab, sorgt doch Gott wie ein mütterlich - väterliches liebendes Du. An Gottes Segen ist alles gelegen! Wir sind also eingeladen, die Beziehung zu Gott immer wieder aufzunehmen und zu pflegen, denn sie ist fürwahr eine „Anleitung zum Glücklichsein" – hier auf Erden zu dem hier möglichen irdischen Glück, das immer Fragment bleiben wird, und einmal zur Fülle des Lebens und des Glückes.

Der große Gebetsschatz Israels, die 150 Psalmen, die alle Stimmungen des Menschen wiedergeben, beginnt im Psalm 1 mit ganz ähnlichen Worten wie Jeremia und zeigt gleich zu Beginn die zwei Portale auf, durch die der Mensch gehen kann, und lädt ihn ein, den Weg des Vertrauens zu Gott zu gehen, ganz gleich wie es ihm geht, ob himmelhoch jauchzend oder zu Tode betrübt.

Und auch die Seligpreisungen als die Magna Charta des Christentums sind als Ouvertüre zur Bergpredigt die Einladung zu diesem Vertrauen auf Gott, bzw. die Absage an eine Haltung, die letztlich doch nicht das erfüllt, was es vorgibt, sei es der Reichtum („Weh euch, die ihr reich seid), sei es die Stillung des materiellen oder leiblichen Hungers („Weh euch, die ihr jetzt satt seid"), sei es die bloße

Spaßgesellschaft und Vergnügungssucht („Weh euch, die ihr jetzt lacht") oder das bloße unehrliche Reden nach dem Mund („Weh euch, wenn euch alle Menschen loben").

Die Seligpreisungen sind nicht etwa bloß für Heilige oder eine religiöse Elite, sondern sie sind vielmehr für alle gemeint, die in ihrer Armut und Bedürftigkeit sich selig auf ein Du, auf die Gemeinschaft und letztlich auf das Du Gottes verwiesen wissen und sich gläubig darnach ausstrecken.

Gott möchte, dass wir das Leben in Fülle haben. Wie soll es der Mensch bekommen, der sich selbst genügt und von sich selbst voll ist und alles zu haben meint. Ein afrikanisches Sprichwort drückt es so aus: „Nicht vom Geben, sondern vom Behalten werden wir krank."

Die Frage ist jedem gestellt: wo steh ich in dieser Lebensentscheidung? Gehe ich in Richtung Segen und Leben oder in Richtung Fluch und Tod? Ich bin überzeugt, dass wir auf dem richtigen Wege sind, jedoch Hand aufs Herz: Gibt es nicht auch bei jedem von uns Inkonsequenzen, Nachlässigkeiten, ja falsche Anhänglichkeiten und manche krumme Zeile?

Nehmen wir die Einladung wahr, gerade jetzt bei der Feier des Geheimnisses unseres Glaubens, uns neu in Christus zu verwurzeln, damit die biblische „Anleitung zum Glücklichsein" uns und anderen zum Segen wird. Amen.

1. Fastensonntag
Dtn 26,4-10; Lk 4,1-13 (24.02.2007)

Am Aschermittwoch haben wir wiederum die 40-tägige Fastenzeit begonnen. Eine Zeitlang war Fasten out. Nicht selten hing ihm der Modergeruch überkommener kirchlicher Lustverweigerung an. Inzwischen jedoch scheint uns die säkulare Welt rechts überholt zu haben, denn es hat Fasten wieder in Mode gebracht. Nach Jahren des Wohlstands und des vermehrten Übergewichts entsinnt man / frau sich wieder der Enthaltsamkeit – bis hin zu kostspieligen Torturen des Fettabbaues, die nicht viel wirksamer sind als das religiös motivierte Fasten, jedoch viel mehr kosten, und bis hin zur Gefahr der Bulimie.

Fasten als Selbstzweck ist freilich nicht der Sinn des religiösen Fastens, wie es in allen Weltreligionen anzutreffen ist. Es geht vielmehr um ein Öffnen für Anderes, für Tieferes, das mehr ist – und daraus folgt: „Weniger ist mehr!" Ich lade Sie ein, mir bei einem möglichen Zugang zu diesem Mehrwert des religiösen Fastens zu folgen.

Sie kennen wahrscheinlich das Wort von Karl Valentin: „Heute abends besuche ich mich. Ich bin neugierig, ob ich daheim bin." Es spricht sich darin wohl die allgemein menschliche Erfahrung aus, dass uns der Alltag mit seinen täglichen Sorgen, Anforderungen und Beschäftigungen so in Anspruch nimmt, dass wir in Gefahr sind, mehr gelebt zu werden als selbst zu leben, mehr fremdgesteuert zu werden als der eigentlichen Berufung nachzusinnen und ihr zu folgen.

Was uns in unserem Alltag so ausfüllt, enthält die Gefahr, dass wir uns selbst nicht mehr kennen, unsere seelischen und manchmal auch körperlichen Batterien ausgebrannt sind (man spricht ja vom Burn-out) und uns enttäuscht fragen: War das alles? Wo bin ich geblieben? Mancher Aktionismus mag auch eine Flucht vor der Frage sein: Und wer bin ich? Wo bin ich daheim?

Was ist notwendig, um sich zu besuchen und zu sehen, ob ich daheim bin? Ein bloßes In-den-Tag-Hineinleben ist keine Beheimatung, ebenso nicht ein sattes bürgerliches Christsein mit entsprechendem „Schmücke-dein-Heim-Katholizismus". Das ist eher der Beweis allzu verstopfter Ohren und Augen, allzu satter Münder und eines allzu fremdbestimmten Geistes und Herzens.

Wenn ich die Nase an etwas ganz dran habe, tue ich mich sehr schwer, etwas zu erkennen. Ich brauche also zur Beantwortung meiner Fragen nicht nur Nähe, sondern unbedingt auch Distanz! Um die Geister zu unterscheiden und um zu sehen, wes Geistes Kind ich selber bin, um klaren Kopf und ein offenes Herz zu bekommen, brauche ich unbedingt, so paradox es klingen mag, Distanz von mir selbst.

Anders gesagt: Nur eine Aus-Zeit, eine außergewöhnliche Zeit oder Ort ermöglichen es dem Menschen, Abstand zu gewinnen, innezuhalten, sein Leben als ganzes in den Blick zu nehmen und neu zu gestalten. So eine Aus-Zeit – und seien es auch nur ein paar Minuten Ruhe und Stille in der Hektik des Alltags – ist wie das Brennglas des Alltags: es sammelt die alltäglichen Eindrücke und lässt Spreu und Weizen unterscheiden. Solche kritische Distanz zum Alltag hält offen für das Neue, für das Wachsen und Reifen des Lebens und das damit oft verbundene Wagnis. Anders geprägte Zeiten und Orte ermöglichen das Ausbrechen aus der oft stumpfen Alltäglichkeit hin zum eigentlichen Selbstsein.

Solche Aus-Zeiten können sehr bewusst gewählt werden, etwa in mehrtägigen Exerzitien oder Meditationstagen, in einer Karenzzeit für Väter, in einer Bildungsfreistellung oder sonst einer so genannten Sabbatzeit. Für mich waren dies vor vier Jahren die drei Monate des Jakobsweges – eine Wegstrecke und Wegzeit, in der ich mich besuchte und neugierig war, ob ich daheim war, nämlich dort wo Gott mich eigentlich haben will. Es ging darum, mich meiner Berufung für mich und für die mir Anvertrauten zu vergewissern und darin zu bestärken. Ebenso erhoffe ich es von der zweiten Hälfte meines Sabbatsemesters, wenn ich nächstes Jahr drei Monate im Heiligen Land sein darf, um dort wandernd den Spuren des Herrn zu folgen und mich davon auch nach meinem 65. Geburtstag in den mir als Seelsorger noch geschenkten Jahren davon prägen zu lassen.

Manche Aus-Zeit kommt über Menschen schicksalhaft durch Krankheit oder andere Schicksalsschläge. In der dadurch entstandenen Orientierungslosigkeit kann die Einladung zu einer neuen Standortbestimmung, zu einer Suche nach einer tieferen Beheimatung liegen

Vielen ist weder eine frei gewählte längere Aus-Zeit möglich noch eine schicksalhafte auferlegt. Verschiedene Lebensalter, z.B. die Lebensmitte, sind allerdings eine Aufforderung für jede/n, für die damit verbundenen Fragen hellhörig zu sein und Antwort zu geben.

Viele Märchen erzählen von der Wichtigkeit des Weggehens von Zuhause, also von einer äußeren Distanzierung, um auch innerlich zu wachsen und zu reifen. Was für die Pubertät von Eltern und Jugendlichen in besonderer Intensität und Heftigkeit erlebt wird, ist ein Grundgesetz menschlicher Reifung und Selbstfindung. Jeder Mensch hat die große Lebensaufgabe, immer wieder durch besondere Zeiten und Orte Distanz zum Alltag zu gewinnen und sie zum Nachdenken und Nachspüren zu nutzen, also zu sehen, ob er daheim ist, d.h. seiner eigentlichen Berufung folgt oder fremdgesteuert ist (was – wie Viktor Frankl aufzeigt – letztlich krank macht).

Beide Lesungen zeigen heute, wie prägende Erfahrung aus Distanz wächst. Für Israel war keine Zeit so prägend wie die Zeit des Exodus aus Ägypten und das babylonische Exil. Für Israel und für Jesus heute im Evangelium heißt dieser Ort Wüste.

Die Wüste ist in der Bibel eine menschenarme, nicht ungefährliche Gegend, aber zugleich ein herausragender Ort der Nähe Gottes und ein besonders geeigneter Ort des Gebets. Nur aus dieser Distanz zum Alltag kann der Mensch die Wirklichkeit mit Gottes Augen erfassen und die wahre Bedeutung der Ereignisse verstehen. Israel sagt im Rückblick dankbar: „Der Herr führte uns mit starker Hand ... unter Zeichen und Wundern aus Ägypten ... und gab uns dieses Land, in dem Milch und Honig fließen".

Jesu Versuchung in der Wüste knüpft an die Erfahrung Israels an. Jesus wird mit seiner Sendung durch den Vater konfrontiert und widersagt vor seinem öffentlichen Auftritt allen fremd bestimmenden Kräften, dem Reichtum, der Macht und der Machbarkeit. Er entscheidet sich in dieser Unterscheidung der Geister, wes Geistes Kind er ist – der Sohn Gottes – und in wessen Sendung er in die Welt gekommen ist: eine Sendung aus Gottes Liebe zum Heil der Menschen.

"Heute besuche ich mich" – heute das sind die 40 eigens geprägten Tage der Fastenzeit. Die Pädagogik des Kirchenjahres will uns in dieser geprägten Aus-Zeit einladen, im Getriebe des Alltags innezuhalten, auszubrechen aus dem Trott der

Gewohnheit und aus dieser Distanz heraus neu zu sehen, wo und wie wir leben, wo und wie wir von falschen Anhänglichkeiten umkehren müssen, wo und wie wir neu unsere eigentliche Berufung entdecken und ihr folgen.

Für alle ist die Berufung als Christ das Mittragen der vier Säulen der Kirche: Verkündigung, Liturgie, Diakonie und Gemeinschaft.

Für einige ist es auch heute die Berufung in einen besonderen geistlichen Beruf als Priester oder Ordensschwester. Helfen wir mit, dass sich solche Berufe auch in unserer Pfarre entfalten können. Beten wir aber auch für die Kirche als ganze, dass sie mit dem Blick auf die Zeichen der Zeit die richtigen Rahmenbedingungen setzt.

Heute als Zeit der Gnade kann der Sonntag sein – als Zeit, mich und die Meinen zu besuchen und durch die dafür investierte Zeit mich zu finden. Es ist ein Tag der Unterbrechung – als Tag der Pflege der Beziehung zu mir selbst, zu meinem Nächsten, zu Gott und zur Gemeinschaft der Glaubenden.

Als Pfarre haben wir wieder eine Vielfalt an Einladungen und Angebote für diese Fastenzeit, „mich zu besuchen und zu schauen, ob ich daheim bin" – etwa bei den drei Glaubensabenden, beim Fastenseminar oder / und bei vielfältigen anderen Formen des Gottesdienstes.

Alle diese Tage stehen unter dem Stichwort „Öffnen"
- durch das Abwerfen unnötigen Ballastes,
- durch das Sakrament der Versöhnung („Osterbeichte") als spirituellem Frühlingsputz,
- durch das Freiwerden von schädlichen Konsumgewohnheiten,
- durch die Klärung von Beziehungsfallen usw.

Beim Auto bedarf des regelmäßigen Tüffs und jährlichen Pickerls, bei Maschinen der vorgeschriebenen Wartung – und der Mensch bedürfte dessen nicht?! Ist er nicht viel mehr wert als all seine Maschinen und Machwerke? Die Fastenzeit kann für mein Menschsein so ein geistlicher ‚Check' sein.

Nehmen wir die Einladung an, uns aus Fremdherrschaft, Außensteuerung und Zerstreuung zurückzuholen und unsere Heimat neu bei dem zu finden, der unsere Sehnsucht nach dem Land mit Milch und Honig zu stillen vermag. Amen.

3. Fastensonntag

Ex 3,1 8a.10.13-15; Lk 13,1-9 (14.3.2004)

„Ist da jemand?" - So rufe ich in den bereits finsteren Kirchenraum, wenn ich gelegentlich an einem Abend nach Einbruch der Dunkelheit die Kapelle zusperre: „Ist da jemand?" Es könnte ja sein, daß ich jemanden nicht sehe, daß ich ihm ob der Dunkelheit kein „Ansehen" gebe und ihn ungewollt einsperre.

Sie werden alle bei diesem Ruf „Ist da jemand?" an die ORF-Aktion ‚Licht ins Dunkel' erinnert. Dort geht es darum, im übertragenen Sinn niemand zu übersehen, zumal nicht jene, die an den Rand der Gesellschaft gedrängt oder gar leicht abgeschoben werden: Behinderte, und ich darf hinzufügen: Flüchtlinge, Asylanten, Menschen wie jene Obdachlosen, die die Baumskulpturen auf unserem Kirchenplatz geschaffen haben, von deren Lebensschicksal und deren Sehnsucht nach Ansehen uns vor zwei Wochen ein Caritas-Mitarbeiter erzählt hat.

Ich bin fest überzeugt. Es ist die Frage jedes Menschen, Ihre und meine Frage: „Ist da jemand?" oder lebe ich in einer augenlosen Materie, hineingestoßen aus dem Mutterschoß in die Kälte und Einsamkeit dieser Welt, dem Spiel der Mächte und dem Zufall preisgegeben?

Das Leben eines Kindes glückt und gelingt, wenn jemand da ist – nicht irgendwie und irgendwo, sondern in der Nähe, der Liebe und Geborgenheit schenkt.

Das Leben eines Kindes ist von Anfang an gefährdet, wenn es „like a motherless child" mit Spielzeug, Süßigkeiten, Handy und Computer abgespeist wird statt die Nähe eines liebenden Menschen, der da ist und Zeit hat, zu erfahren.

Das ist und bleibt das Wichtigste zur Menschwerdung und wir Menschen müssen uns zu Recht fragen, ob wir das noch wissen. Es ist eine Tatsache, daß viel mehr Zeit, Phantasie, Engagement und Geld in die Waffengeschäfte, in die Börsenkurse, in die Atomforschung , in die Mond- und Marsexpeditionen investiert wird als in das, was das Leben allein letztlich lebenswert und liebenswert macht. Die Tatsache, daß Menschen, die alles haben, ‚freiwillig' aus diesem Leben scheiden, sollte uns zumindest nachdenklich machen, ja unsere Alarmglocken läuten lassen!

Nicht die Technik, nicht das Baby aus der Retorte, nicht ein sozusagen pränataler Persilschein, nicht der beste Gencode können ersetzen, worauf es letztlich allein ankommt: auf ein lebendiges DU, das liebend, helfend, unterstützend in Treue da ist, also unabhängig von der Gunst des Augenblicks.

Wilhelm Willms bringt das einmal treffend in folgende Worte:
„Wusstest Du schon, daß die Nähe eines Menschen gesund machen, krank machen, tot und lebendig machen kann? Wusstest Du schon, daß die Nähe eines Menschen gut machen, böse machen, traurig und froh machen kann? Wusstest Du schon, daß das Wegbleiben eines Menschen sterben lassen kann, daß das Kommen eines Menschen wieder leben lässt? Wusstest Du schon, daß Zeithaben für einen Menschen mehr ist als Geld, mehr als Medikamente? ..."

Nicht nur der einzelne Mensch fragt „Ist da jemand?", sondern auch die Menschheit als ganze: Einer, der uns sieht und mit uns geht, einer, der um unser Leid in der Fremde, also im anderen Land, im E-lend weiß und solidarisch wird, ja einer, der uns, weil größer als wir, uns aus aller Enge und Angst herausführt und die Erfahrung von Befreiung, von gelungenem und geglücktem Leben schenkt.

Genau diese existentielle Frage des Volkes Israel in seiner Knechtschaft in Ägypten, die zum Himmel schreit, wurde auch vom Himmel her beantwortet. Davon berichtet die heutige Lesung aus dem Buch Exodus. Im brennenden Dornbusch als Zeichen für die Unverfügbarkeit Gottes erscheint Gott Mose und sagt ihm: Da ist jemand; Ich bin der, der da ist. Das ist mein Name und mein Sein. „Gesehen habe ich, gesehn das Elend meines Volkes."

Gott, der in der Geschichte schon immer da gewesen ist – bei Abraham, Mose und Jakob – ist Dasein und Nähe, ein Du, nicht berechenbar und nicht verfügbar, sondern ein Gott, der freie Menschen um sich haben will. Sein Name „Jahwe", d.h. „Ich bin da" ist nicht eine eingrenzende Definition (finis = Grenze), sondern drückt ein grenzenloses Mitgehen mit den Menschen aus.

Wir glauben, daß dieses Mitgehen, diese Solidarität und unverbrüchliche Treue Gottes in Jesus ihre letzte unüberbietbare Entfaltung erfahren haben in Jesus als

Emanuel, d.h. Gott-mit-uns. „Er, der am Herzen Gottes ruhte, hat uns Kunde gebracht", daß dieser Gott wie eine gute Mutter und ein guter Vater ist – und selbst wenn Vater und Mutter uns vergäßen, er vergißt uns nicht (Jes 49,15). Gott sieht uns in Jesus endgültig an, schenkt uns Ansehen – freilich mit einer Konsequenz: Als Kinder dieses mütterlich-väterlichen Gottes sind wir untereinander Geschwister und müssen auch füreinander da sein, also einander Ansehen schenken. Niemandes Ruf „Ist jemand da?" sollte ungehört verhallen, niemand sollte mangels Ansehen vereinsamen und verzweifeln!

Auf zwei Gruppen, denen Jesus gegen die Bräuche der damaligen Zeit Ansehen geschenkt hat und deren Ruf bis heute zu wenig gehört wird, möchte ich heute hinweisen: auf die Kinder und auf die Frauen,
Schon im Evangelium heißt es, daß selbst die Jünger Jesu die Kinder von ihm fernhalten wollten, während er sie in die Mitte stellt. Auch heute haben wir hier noch viel zu lernen.
Vor drei Wochen war in einem Artikel in der Furche die Rede von einem Erziehungsvakuum. Es sollte uns zumindest nachdenklich stimmen, wenn es dort heißt: „Viele Kinder werden heute nicht mehr erzogen. Viele Eltern sind unfähig, nicht willens oder – wegen Berufstätigkeit –nicht in der Lage, ihre Kinder zu erziehen. Und eine wachsende Zahl von Eltern scheint ihre Gleichgültigkeit und Nicht-Erziehung mit Liberalität und Toleranz zu verwechseln". Schulen und später Universitäten sind überfordert, dieses Defizit aufzuholen. Das Kind leidet dadurch unter dem Verlust von Geborgenheit, Orientierung und Vertrauen und reagiert mit Aggressivität. Es fehlt hiermit auch die Langzeitwirkung der Eltern auf die Persönlichkeitsentwicklung des Kindes. „Eltern geben ihrem Nachwuchs bis zu einem gewissen Alter fast alles, die Kinder lernen nicht mehr zu verzichten. Zu spät, nämlich am Beginn der Pubertät ihrer Kinder, wollen dann die Eltern in einem verzweifelten Versuch noch Grenzen setzen." (Furche 19/2/04).

Im Grunde heißt dies: Eltern sind für ihre Kinder zu wenig da. Dann können sie aber auch nicht mehr den Glauben an einen Gott vermitteln, der da ist. Bei einer

Tagung in Frankfurt in dieser Woche haben Fachleute darauf hingewiesen, daß Kinder unheilbar religiös sind, also Gott brauchen und Eltern ihre Kinder nicht Gott vorenthalten dürften. Es wurde gesagt: Ob Kinder zu ihrem Recht kommen, entscheidet sich in der Familie. Der Kinderglaube stärkt für das Leben. „Religiöse Geborgenheit schützt vor späterer Orientierungslosigkeit. In der Familie religiös erzogene Kinder können als Jugendliche und Erwachsene Krisen besser meistern." Negativ wirkt sich freilich aus, wenn die religiösen Überzeugungen der Eltern nicht mit ihrem Verhalten übereinstimmen (Kathpress 10/3/04). Wie sollen Eltern den Glauben an einen mütterlich-väterlichen Gott, der da ist, vermitteln können, wenn Mama und Papa kaum da sind und nur wenig Zeit für das Kind haben.

Die zweite Gruppe, deren Ruf nach Ansehen noch immer zu wenig gehört wird und die deshalb von Armut gefährdet sind, sind die Frauen. Am vergangenen Montag, dem internationalen Frauentag, wies die Armutskonferenz erneut darauf hin: Rund 200.000 Frauen leben derzeit in Österreich in akuter Armut, fast dreimal so viele sind armutsgefährdet, darunter besonders Pensionistinnen, Migrantinnen und Alleinerzieherinnen.. Zahlenmaterial widerlegt die Behauptung, daß die Frauen die gleichen Chancen hätten wie Männer. 80 Prozent der unbezahlten Pflege wird von Frauen geleistet, die Elternkarenz wird zu 98% von Frauen beansprucht. Viele Frauen, die ‚versteckt obdachlos' sind, gehen unter wirtschaftlichem Druck Zweckbeziehungen ein, und nehmen Gewalt und sexuelle Ausbeutung auf sich, um ein Dach über dem Kopf zu haben.

Wir alle sind getragt, ob wir das Elend der Zukurzgekommenen sehen und da sind für die vernachlässigten Kinder und für die armutsgefährdeten Frauen.
Hier ist die Politik gefordert. Sie wird unpopuläre Maßnahmen nicht scheuen dürfen, um gerechtere Verteilungsstrukturen zu schaffen.
Hier ist die Kirche gefordert – wie etwa im bewußten Ja zu den kirchlichen Kindergärten, wie es der Pastoralrat vor zwei Tagen wieder bekräftigt hat, oder wie im diözesanen Frauengleichstellungsplan.

Hier ist jede und jeder einzelne gefordert, angefangen vom beherzten Ja zum Kinde und auch zur Zeit und Zuwendung, die es braucht, um Ansehen zu bekommen, bis hin zur Wertschätzung der vielen noch nicht genug geschätzten und zu wenig honorierten Arbeit der Frauen und zur Hilfe für armutsgefährdete Frauen etwa durch die Caritas-Haussammlung.

Wann ist dieser Einsatz gefordert? Hier und jetzt. Das Evangelium spricht zwar von Gottes großer Geduld, aber jeder Aufschub wäre falsch, denn keiner von uns weiß, wann der Herr kommt und nachschaut, ob der Feigenbaum unseres Lebens Früchte der Liebe trägt.

Hier beim Gottesdienst ist Gott in Jesus wieder ganz für uns da und schenkt uns Ansehen und Würde. Geben wir die hier empfangene Liebe und Kraft jenen weiter, die heute mutlos und verzweifelt rufen „Ist da jemand?"! Amen.

3. Fastensonntag

Ex 3,1ff; Lk 13, 6-9 (3.3.2013)

In der heutigen Lesung haben wir wohl eine der wichtigsten Stellen der alttestamentlichen Bibel gehört, denn die Gottesoffenbarung an Mose ist von wesentlicher Bedeutung für die Zukunft des ganzen Volkes.
Werfen wir zunächst einen Blick auf die Herkunft des Mose: Ein neuer König, der Josef, einen der 12 Söhne Jakobs, nicht mehr gekannt hatte, fürchtete das immer größere werdende Volk der Israeliten und setzte Fronvögte über sie ein, „um sie durch schwere Arbeit unter Druck zu setzen.... So wurden die Israeliten zu harter Sklavenarbeit gezwungen"(Ex 1,11.14)   Schließlich befahl der König den Hebammen, alle Knaben gleich nach der Geburt in den Nil zu werfen; es war sozusagen ein erster Judenprogrom.
Die levitischen Eltern des Mose setzen ihr Kind in einem Binsenkästchen am Nilufer im Schilf aus. Als die Tochter des Pharao das Kind fand, übergab sie es aus

Mitleid zum Aufziehen einer Israelitin, die die Mutter des Kindes war. Mose wuchs also am Hofe des Pharao heran, bemerkte aber auch das Leid, das seinen Stammesbrüdern zugefügt wurde. Als er sah, wie ein Ägypter einen Hebräer erschlug, packte ihn eine in ihm brennende innere Leidenschaft und „er sah sich nach allen Seiten um, und als er sah, dass sonst niemand da war, erschlug er den Ägypter und verscharrte ihn im Sand" (Ex 2,12). Weil die Sache jedoch bekannt wurde und der Pharao Mose deshalb töten wollte, floh Mose angsterfüllt in die Wüste nach Midian.

Was uns hier geschildert wird, ist ein Beispiel des uns allen bekannten Gesetzes „Aug um Aug, Zahn um Zahn". Dieser Teufelskreis bewegt seit Menschengedenken die Welt und hinterlässt eine blutige Spur durch alle Zeiten. Einer rächte sich am anderen und so dreht sich das Rad des Sündenbockmechanismus ständig weiter – was heißt: es bleibt immer beim Alten: „So wie du mir, so ich dir."

Also nie etwas Neues im Westen, aber auch nicht im Süden, Norden oder Osten, also nirgends, solange hier nicht einer damit Schluss macht und radikal (von der Wurzel her) anders handelt. Wir kennen diesen unheilvollen Mechanismus im großen etwa in den Vorurteilen der Völker gegeneinander, den daraus folgenden Kriegen und der damit verbundenen verbrannten Erde, aber wir kennen es aber auch im kleinen etwa in Rosenkriegen bei Ehescheidungen oder familiären Streitigkeiten, wo leidenschaftlich gegeneinander gehandelt wird. Immer kämpft das eigene Ich, das sich allein gelassen fühlt, gegen das feindliche Du! Es bleibt alles, wie es ist!

Der Anfang des total Neuen und Anderen beginnt in der Gottesoffenbarung am brennenden Dornbusch, von der wir in der Lesung hörten. Da stehen die so wichtigen Worte Gottes, die Gottes Haltung gegenüber den unterdrückten Menschen zum Ausdruck bringen: „Ich habe das Elend meines Volkes in Ägypten gesehen, und ihre laute Anklage über ihre Antreiber habe ich gehört. Ich kenne ihr Leid." Auch in Gottes Inneren brennt gleichsam eine Leidenschaft: Gott beginnt aber keinen kämpferischen Gegenangriff und schlägt nicht drein und zurück, sondern er gibt Mose den Auftrag, sein Volk aus der Knechtschaft herauszuführen in ein gutes Land.

Kein Wunder, dass sich Mose absolut überfordert fühlt. Was gibt ihm die Kraft und das Vertrauen, es trotzdem zu wagen? – Es ist eindeutig die Offenbarung Gottes als „Jahwe", d.h. als der „Ich bin, der für dich da ist, dir hilft und beisteht, mit dir durch dick und dünn geht, der auf den du dich verlassen kannst".

Der brennende, aber nicht verbrennende Dornbusch ist für mich ein Bild für Gottes unauslöschliche leidenschaftliche Liebe zu seinem Volk – ein Feuer, das nicht zur Asche wird, sondern auch durch Klagen und Meutern des Volkes aufrecht bleibt. Es spiegelt sich darin Gottes Liebesbund mit seinem Volk; später wird Israel von dieser Zeit als seiner Brautzeit sprechen, in der es gelernt hat, auf Gott zu vertrauen, ihm zu trauen.

Für mich geschieht dadurch auch eine große Wandlung in Mose: sein leidenschaftliches Feuer des Einsatzes für seine Stammesbrüder in Rache am Feind wird gewandelt zu einem leidenschaftlichen Feuer, das Volk aus der Knechtschaft herauszuführen zu Freiheit und mehr Leben füreinander. Es ist dies die Wandlung, die jedem Menschen möglich wird, der nicht nur auf sich und seine Kraft gegen andere setzt, sondern der auf Gott vertraut und deshalb keinen Feind zu bekämpfen und zu besiegen hat.

Diese Wandlung des Mose und auch seines Volkes sprengt den bisher gewohnten Teufelskreis des „Aug um Aug, Zahn um Zahn" und die damit verbundene Unheilsgeschichte. Es kommt etwas total Neues in der Welt – ein Bund der Liebe, der im ewigen unwiderruflichen Bund Gottes in Jesus Christus unwiderruflich eine Heilsgeschichte für alle Menschen wurde!

Jesus ist ja zu uns gekommen, um, wie er sagt, Feuer auf die Erde zu werfen, und wie froh wäre er, es würde schon brennen (Lk 12,49) – nicht als Feuer des Hasses und zerstörerischer Leidenschaft, sondern als Feuer leidenschaftlicher Liebe und Treue.

Die einander beschuldigenden und blutigen Gesetze der Welt töten einander; sie töten auch Jesus; zugleich freilich laufen sie sich in ihm zu Tode, weil in Jesu Auferstehung unaufhaltsam die neue Welt des Reiches Gottes begonnen hat.

Die Zusage, dass Gott immer mit uns ist, darf im besten Sinn des Wortes entwaffnend sein. Wir dürfen die Waffen des Gegeneinanders und der Finsternis ablegen und die Waffen des Lichts und des geschwisterlichen Mit- und Füreinanders anlegen.

Zunächst ist uns die Liebe Jesu zu uns gegeben, freilich ist sie uns auch aufgegeben, denn wir sollen einander lieben, wie er uns geliebt hat. Es wird uns sicherlich nicht in der Konsequenz, wie es Jesus gelebt hat, gelingen. Die heutigen Lesungen sind eine Einladung, es trotzdem noch einmal zu versuchen, denn Gott hat mehr Geduld mit uns als wir mit uns selbst.

Wir sollen das Feuer der Vergeltung und Rache wandeln lassen. Das heißt fürwahr nicht, apathisch die Hände in den Schoß legen oder anbetracht der Welt, wie sie nun einmal ist, untätig und fromm zusehen, sondern wir sollen wie Mose unser feuriges Temperament und gegeneinander umwandeln lassen zum glühenden Einsatz füreinander. Wie Mose sollen wir uns wandeln lassen – auch weltweit, um das Manna, das tägliche Brot, die Güter unserer Erde nicht alleine für uns zu haben, sondern sie geschwisterlich zu teilen, wie es auch Israel am Weg durch die Wüste lernen musste.

Im Evangelium ist im Gleichnis des Feigenbaumes auch die Einladung ausgesprochen, seine Wurzeln in Gott zu haben (das hebräische Wort für „glauben" heißt so viel wie sich in Gott zu verankern). Daraus wächst auch das Vertrauen, zum eigenen Ich, also zu der von Gott aufgetragenen Sendung, Ja sagen zu können (dafür steht der Stamm des Baumes). Wer so gewachsen ist, wird auch für andere da sein und in der Krone des Baumes Früchte bringen, Früchte der Liebe und Solidarität.

Es ist ein großer Trost, dass uns im Evangelium zugesagt wird, dass der Weingärtner große Geduld hat und den Boden, also die Rahmenbedingungen menschlichen Lebens, nochmals umgräbt und pflegt. Der Mensch soll angesichts von Fehlern es immer wieder versuchen, in der Liebe zu wachsen. Gott gibt uns trotzdem immer wieder eine Chance, denn dafür steht seine im Evangelium ausgedrückte Geduld.

Wir Menschen älteren Semesters sollen nie sagen, dass wir für die von mir angesprochenen Wandlungen schon zu alt seien. Heute sind ja die Senioren, oft Graue Panther, genannt, vielfach sehr rüstig und haben oft noch viel Kraft und mehr Zeit als andere, für die Gemeinschaft – so etwa auch der Pfarre – viel Gutes zu tun. „Freude und Hoffnung, Trauer und Angst der Menschen, zumal der Bedrängten" (GS 1) sollen von uns geteilt werden. Ich lade dazu vor allem auch die älteren Menschen ein. Es ist nie zu spät, an diesem wichtigen Dienst für andere teilzunehmen und sich dafür Zeit zu nehmen – trotz des Pensionistengrußes „Keine Zeit!" und ich danke von Herzen allen, ob jung oder alt, die es bereits tun! Amen.

Gründonnerstag

1 Kor 11,23-26; Jo 13,1-15 (2004))

Alles, was wir heute feiern, ist unwahrscheinlich dicht; es ist eine Verdichtung des Lebens und Sterbens Jesu Christi in zeichenhafte Symbole, die alles andere als eine leere Hülle sind.

Für mich war meine Pilgerwanderung nach Santiago im vergangenen Jahr – wie im Grunde jede Wallfahrt – ein körperlich und seelisch verdichteter Ausdruck des eigenen Lebensweges. Deshalb möchte ich dort anknüpfend ein paar Gedanken zum Geschehen des heutigen Gründonnerstags bringen, vor allem auch in Hinblick auf die Fußwaschung.

Ich habe erlebt, daß der Mensch durch und durch in vielfachem Sinn in Bewegung ist; dazu braucht es ganz leibhaftig einen Bewegungsapparat, unsere Füße.

Ich kenne eine Theologie des Verstandes, also die Anstrengung des Begriffes um Glaubensfragen, eine Theologie der Hände, die Auseinandersetzung mit unseren „Hand"-lungen, unserem Tun, etwa in den Überlegungen zu guter Arbeit, und eine Theologie des Herzens, z.b. in der Herz-Jesu-Verehrung. Ich vermisse jedoch eine Theologie der Füße. Damit aber etwas sinnvoll ist, braucht es, wie unsere Sprache sagt, „Hand und Fuß". Ich bin gewiß, daß auch alle technischen Fortbewegungsmitteln (Auto, Flugzeug, aber auch die mediale immer schnellere EDV-Kommunikation) uns hier nicht nur reicher, sondern auch um viele urprüngliche Erfahrungen ärmer werden haben lassen, weil die Seele einfach nimmer nachkommt.

Unsere Sprache weiß noch vom reichen Erfahrungsschatz des Gehens, z.B. in der wörtlichen und übertragenen Bedeutung von Ausgehen, Angehen, Abgehen, Umgehen, Eingehen, Ergehen, Begehen, Vorgehen, Vergehen, Nachgehen usw. – bis hin zur alltäglichen Frage: „Wie geht's dir?

Ich habe bei diesem verdichteten Gehen der Wallfahrt gemerkt, daß die Füße ganz wichtig sind; durch sie habe ich auch meine eigenen Stärken, Schwächen und Wunden entdeckt, war also herausgefordert, mich selber neu anzunehmen.

Darüber hinaus habe ich erfahren, daß ich auch im Umgang mit den anderen Menschen diesen näher begegnet bin als Gefährten, die Gefahren teilen, als Brüder und Schwestern, die, selbst verwundet, die Wunden anderer nicht ausnützen, sondern hilfreich zur Seite gestanden sind, Wunden zu pflegen und zur Heilung beizutragen.

Der weite Weg hat aber auch die Zeit gegeben, in die Tiefe zu gehen und dem zu begegnen, der uns auf dem Weg als „Jahwe", der „Ich bin da", als Emanuel (= Gott mit uns) solidarisch begleitet, mit uns geht, ja selbst als Bewegungsloser am Kreuz auch mit denen solidarisch ist, die nicht mehr gehen können, die anstehen, mit sich, Gott und der Welt übers Kreuz sind, die vor Schmerz ans Bett gefesselt sind oder, wie wir alle einmal, der Starre des Todes verfallen. So wurde das Gehen auch zur Begegnung mit Gott, das Pilgern wurde zum „Beten mit den Füßen".

Aufgrund dieser Erfahrungen wurde mir das Zeichen der Fußwaschung neu wichtig und wertvoll. Es gab Zeiten in der Kirchengeschichte, wo es nicht nur das Sakrament der Handauflegung, die Priesterweihe, gab, sondern auch das Sakrament der Fußwaschung. Sie steht bei Johannes dort, wo die drei anderen Evangelisten vom Abendmahl und der Einsetzung der Eucharistie berichten. Jesus selbst tut diesen Dienst der ganzheitlichen Fürsorge und Gastfreundschaft, der oft von Sklaven geleistet wurde. Es ist für alle Fußwunden und Wegmüden – im wörtlichen und übertragenen Sinn – nicht nur ein Zeichen der Zuwendung und Liebe, sondern verwirklicht Liebe zum Heil (und zur Heilung) der Betroffenen.

Dazu folgende Pilgertagebucheintragung aus Südfrankreich vom 11. Juni:

„Wir hatten die heutige Tagesetappe unterschätzt, so daß wir völlig erschöpft erst um 18.20 Uhr in St. Palais ankamen. Die Mönche der Franziskanerherberge waren gerade bei der Messe. So sehr ich froh war, daran teilnehmen zu können, wünschte ich mir nichts sehnlicher als eine Fußwaschung. Denn ich hatte bei meinen brennenden Sohlen nichts dringender nötig und ich hätte mir im Moment keine größere Labsal denken können als eine Fußwaschung."

Wenn Jesus uns aufträgt „Ein Beispiel habe ich euch gegeben, damit auch ihr so handelt, wie ich an euch gehandelt habe", so heißt dies eindeutig, einander die Füße und nicht den Kopf zu waschen, also einander in Liebe zu dienen statt übereinander herzuziehen. Um anderen die Füße zu waschen, darf man nicht buckeln, sondern muß sich bücken; das Mehr des Einen darf nicht vom Weniger des Anderen leben, sondern umgekehrt.

Ich bücke mich heute in Dankbarkeit und Respekt vor den Frauen und Männern, die in jahrelanger Treue zu den Wegmüden oder an das Bett Gebundenen unserer Pfarre in den Altenheimen und Krankenhäusern kommen und ihnen Zuwendung, Zeit und Liebe schenken. Sie spenden diesen unseren Brüdern und Schwestern gleichsam das vergessene Sakrament der Fußwaschung, das ich jetzt auch an Ihnen vollziehen möchte. Aufrichtigen Dank für diesen Liebesdienst!

Wenn die Evangelisten Markus, Lukas und Matthäus an dieser Stelle vom Abendmahl berichten, so sagen sie uns, daß Jesus sich uns auf unserem alltäglichen Lebensweg als Brot und Wein, als Grundnahrungsmittel schenkt. Sie sind ein anderes Zeichen seiner Wegbegleitung und seiner bis in den Tod treuen Liebe, denn Brot und Wein sind vorbehaltlose Hingabe, Loslassen seiner selbst, um Lebensmittel und Kraftquelle für den anderen zu sein. Schon die ersten Christen haben den Auftrag Jesu „Tut dies zu meinem Gedächtnis" ernst genommen und am „Brechen des Brotes" (Apg 2,42) festgehalten – in der Gewißheit, durch die Kommunion mit dem Herrn auch in der Weggemeinschaft des Volkes Gottes zu bleiben.

Ich gestehe in Anbetracht des Rückgangs der Mitfeier der sonntäglichen Eucharistie meine Sorge und Frage, wie weit die Getauften tatsächlich an diesen Quellen des Heils Kraft schöpfen, um im oft steinigen Weg des Alltags den Mut nicht aufzugeben und das Ziel unseres Pilgerweges nicht aus den Augen zu verlieren.

Ein letzter Gedanke zu unserem Unterwegssein: der Lebensweg ist kein Spaziergang, schon gar nicht ein Lustwandel (auch wenn wir alles Schöne und Gute genießen dürfen), aber auch nicht ein Marathonlauf oder sinnloser Hürdenlauf. Es ist ein Weg mit Auf und Ab, mit manchen Beschwernissen, die der Weg, andere, oder wir selbst uns aufladen, denn wir schleppen ja auch unseren eigenen Schatten mit.

So wie am „Cruz de ferro" am Jakobsweg sind wir eingeladen, am Kreuz den Ballast des eigenen Lebensweges abzuladen, loszuwerden von Schuld und Schatten, und so versöhnt durch die „Puerta del perdon", durch die Pforte der Versöhnung zu gehen. Diese Tage laden uns in besonderer Weise wiederum dazu ein, denn nach Ostern, zum endgültigen Heil kommt man nicht, ohne daß wir auch teilhaben an der Not des Ölbergs, am Kreuzweg des Lebens und am Sterben des Karfreitags.

Hier und jetzt kann schon Versöhnung geschehen, wenn wir – wie unser Erzvater Jakob im nächtlichen Kampf am Fluss Jabbok – an Gott nicht loslassen, bis er uns segnet. Wir werden dann merken, daß wir – wie Jakob – zwar versöhnt sind, aber zugleich an der Hüfte hinken, also fuß wund sind.

Für mich heißt das: Wer ganz versöhnt sein will, wer also den Frieden finden will, den die Welt nicht zu geben vermag, der muss damit rechnen, daß er innerweltlich hinkt, also um des inneren Reichtums und Friedens willen äußerlich als Kind der Welt ein Stück ärmer wird.

Radikal tut dies für uns alle Jesus heute nacht am Ölberg und morgen am Gang nach Golgotha, wenn er Blut schwitzt und mit Gott ringt „Laß den Kelch an mir vorübergehen, aber nicht mein Wille, sondern dein Wille geschehe", und wenn er sich, mit Händen und Füßen ans Kreuz gebunden, in die Hände Gottes fallen läßt. Er wird innerweltlich ganz arm – er stirbt – aber zugleich wird er am Ostermorgen beschenkt mit der Fülle des neuen und ewigen Lebens. Ja, es ist fürwahr ein Geheimnis des Glaubens: „Durch seine Wunden sind wir geheilt." (Jes 53,5). Amen.

Gründonnerstag

Ex 12,1-8.11-14; 1 Kor 11, 23-26; Joh 13, 1-15 (28.3.2013)

Wahrscheinlich haben Sie alle schon erlebt oder zumindest gehört, dass manche Menschen vor ihrem Sterben noch einen meist unausgesprochenen Wunsch haben und nicht loslassen können, bevor dieser Wunsch nicht erfüllt ist. Es mag sein, dass der bald Sterbende noch ein Kind zum Verabschieden erwartet oder dass er jemandem noch die Hand zur Versöhnung reichen will. Nicht selten fragt ein dafür sensibler Arzt die nächsten Angehörigen, falls ein Patient nicht loslassen kann, ob denn noch jemand fehle oder ob er noch einen offenen Wunsch habe. Franziska Jägerstätter wollte 100 Jahre alt werden; sie ist es in diesem Monat geworden und dann konnte sie sterben, um ihren geliebten Franz im Himmel zu sehn.

Was in diesen letzten Stunden geschieht, hat eine für den jeweiligen Menschen ganz große Bedeutung. Da geht es nicht im Small Talk, um Nebensächliches oder gar Geschwätz. Es ist vielmehr etwas, was mit dem Testament des jeweiligen Menschen, also mit dem, was er seiner Nachwelt gleichsam als Erbe hinterlassen will, zu tun hat.

Jesus sagt seinen Jüngern, wie sehr er sich darnach gesehnt hat, dieses Mahl mit ihnen zu feiern. Es ist ihm höchst wichtig, was jetzt geschieht; es ist fürwahr sein Testament.

Bei Jesus sind es zwei Gegebenheiten, die ihm in diesen seinen letzten Stunden so von innerstem Herzen kommen, dass wir darin wirklich sein Testament, sein Erbe für uns erkennen dürfen: es sind die zwei Ereignisse, die wir eben in den beiden Lesungen gehört haben: das Abendmahl und die Fußwaschung.

Im Abendmahl schenkt Jesus sich selbst in Brot und Wein; er ist darin Mittel zum Leben, Lebens-Mittel für alle. Jesus greift darin einerseits das Paschalamm als Zeichen des Exodus, der Herausführung aus Knechtschaft und Weg ins Gelobte auf und führt es anderseits weiter zum Mahl des neuen ewigen und unwiderruflichen Bundes seiner Liebe bis zum Äußersten. Deshalb wird Jesus – für uns schwer mitvollziehbar – das neue Paschalamm, das Lamm Gottes, genannt, weil es uns Rettung und Heil bringt. Seine Hingabe in Brot und Wein ist die Konsequenz seines liebevollen Daseins für uns Menschen; es ist die letzte Radikalisierung, denn bisher klang es auch bei Jesus manchmal so, als ob seine Liebe an ein „Wenn - dann", also an Bedingungen gebunden wäre.

Vielleicht ist auch er als Mensch erst allmählich in diese ganze göttliche Logik der Liebe hineingewachsen. Schlussendlich ist es als Summarium und Finale seines Lebens eine Solidarität mit dem Menschen bis in alle möglichen Kreuzwegstationen des menschlichen Lebens und bis in den Nullpunkt der menschlichen Existenz im Tode. Radikaler und bedingungsloser geht es fürwahr nicht. In Jesus ist Gott ganz und gar auf des Menschen Seite; Jesus ist ganz ‚Proexistenz', d.h. Dasein für andere, auf dass freilich auch jene, für die er da ist, also alle Menschen sich in diese Liebe hinein nehmen lassen mögen und auch immer mehr Brot und Wein, Lebens-Mittel füreinander werden. Mögen wir aus dieser absoluten Liebes-Zusage verstehen, dass das Konzil deshalb zu Recht von der Eucharistie als Zentrum und Höhepunkt unseres christlichen Seins und Handelns ist und dass die Eucharistie tatsächlich zur Konstitution, zu Verfassung der Kirche gehört, während vieles zwar wichtig aber letztlich schmückendes Beiwerk ist!

Das zweite zentrale Ereignis des Testamentes Jesu ist die Fußwaschung, die bei Johannes anstatt des letzten Abendmahles steht - im Grunde, weil sie dasselbe bedeutet. Es ist ein leider vergessenes Sakrament. Petrus tut sich schwer damit – und bei den damaligen Bräuchen durchaus verständlich, denn das Waschen der Füße war der Dienst der Sklaven an ihren Herrn, aber auch der Frauen an ihren Männern, der Kinder an ihren Vätern. Wir dürfen durchaus im Einwand des Petrus auch unsere eigene Bitte erkennen, Jesus selbst besser zu verstehen. Hier wird anschaulich, was Jesus meinte, wenn er sagt: „Der Größte von euch sei der Diener aller". Hier wird überzeugend dargestellt, dass bei ihm Wort und Tat, Reden und Tun sich decken und er zutiefst glaubwürdig ist. Und wenn Jesus vom Beispiel spricht, das er gegeben hat, so ist auch klar gesagt, dass die Gemeinschaft mit ihm unabdingbar die Gemeinschaft miteinander einschließt – eine Gemeinschaft, in der es kein Oben und Unten gibt!

Es geht beide Male, beim letzten Abendmahl und bei der Fußwaschung, um Liebe. Gott sagt in diesen Realsymbolen zu jedem Menschen: Es ist gut, dass du du bist; du bist absolut angenommen, nicht weil du schön, anständig, leistungsfähig oder was immer bist, sondern weil du Person bist. Das ist es, was Liebende sich zusagen möchten, aber auch „der liebste Mensch ist ein Versprechen, das er selbst nicht einzulösen vermag", denn niemand kann alles sein: Gott allein erfüllt diese Ursehnsucht nach bedingungslosem Geliebtsein in Jesus. Ja, es ist so „Wer nicht liebt, hat Gott nicht verstanden, denn Gott ist die Liebe" (1 Jo 4,8 – steht auf meinem Primizbild).

Ich weiß, das Wort „Liebe" ist eins der missbrauchtesten und aufgeblasensten Worte, aber wir finden kein besseres: „Es ist was es ist ..." (Erich Fried)
Liebe ist das Wesen unseres Glaubens, also nicht 100 Glaubenssätze oder gar 2665 Artikeln des Weltkatechismus, wo man vor lauter Bäumen den Wald nicht mehr sieht. Wenn der große Theologe Karl Rahner schon vor Jahrzehnten einen einfachen Glauben fordert, so ist im recht verstandenen Sinn unser Glaube sehr einfach: „Ich bin in Christus unendlich geliebt und ich darf aus dieser Liebe leben". Alles andere ist Kommentar! Wenn uns das unter die Haut geht, können wir alles andere allzu Komplizierte vergessen! Und wenn wir daraus betroffen leben und auch die Liebe in dieser Welt umzusetzen versuchen, braucht uns weder um die Kirche noch um uns und die anderen Menschen bange sein.

Neun Personen aus unserer Wandergruppe Kokuwawi haben sich heuer für die Fußwaschung bereit erklärt. Ich danke ihnen. Wir alle gehören zum wandernden – und wie ich oft sage – im übertragenen Sinn „hatscherten" Volk Gottes, d.h. zu Menschen, die zwar ein Leben lang in der Liebe lernen wollen (,lifelong learning'), die aber auch wissen, dass sie ständig gerade in der Liebe nachhinken. Jesu geht auch alle Irr- und Umwege mit, um auf unseren krummen Zeilen nochmals gerade zu schreiben.

Ich bin froh und dankbar, dass uns unser neuer Papst Franziskus in der Liebe zu den Schwachen, in der „Option für die Armen" mit gutem glaubewürdigem Beispiel vorangeht, etwa auch in dieser Stunde, wenn er in einem römischen Jugendgefängnis eine schlichte Messe feiert und 12 gefangenen Jugendlichen, darunter auch Frauen, die Füße wäscht. Es sind wohl sehr bewusst Jugendliche verschiedener Nationalität und verschiedenen Religionsbekenntnisses, denn die Liebe muss alle Grenzen der Rassen und Religionen und der Geschlechter überschreiten. Die Jugendlichen werden Papst Franziskus ein Holzkreuz und eine Betbank, die sie selbst gefertigt haben, übergeben; Papst Franziskus bringt neben

Ostereiern auch die traditionelle „Colomba" mit, den taubenförmigen Osterkuchen. Möge die Taube ein Zeichen des Friedens sein, der in Rom, in Jerusalem, hier bei uns und überall auf der Welt so sehr ersehnt wird und das Geschenk des Auferstandenen ist! Amen.

Ostersonntag

Kol 3, 1-4; Jo 20,1-18 (2004)

„Richtet euren Sinn auf das Himmlische und nicht auf das Irdische", haben wir in der Lesung aus dem Brief des Apostels Paulus an die Kolosser gehört. Ist das Christentum also doch Vertröstung auf das Jenseits? Und ist die Auferstehung des Herrn in den Himmel nicht das stichhaltigste Argument für diesen klassischen Vorwurf? Wenn der Auferstehungsglaube Opium des Volkes ist, folgt daraus mangelnde Wertschätzung des Irdischen; die Erde und die Arbeit auf ihr sind bestenfalls Werkstätte für himmlischen Lohn.

Es mag sein, daß manchmal in der Vergangenheit der Blick zu schnell auf die Vollendung gerichtet war und daß manche Herren tatsächlich vorschnell auf den Himmel vertröstet haben, um auf Erden nicht den gerechten Lohn auszahlen zu müssen. Zu Recht hat man dagegen protestiert, denn abgesehen von den damit verbundenen Ungerechtigkeiten war es sicherlich nicht eine Konsequenz des recht verstandenen christlichen Glaubens.

Ich habe den Eindruck, daß der Pendelschlag inzwischen in die andere Richtung ausschlägt: in Richtung einer Vertröstung auf das Diesseits. Die Folge ist, daß die irdischen Ressourcen skrupellos ausgebeutet werden, daß in einer Erlebnis – und Risikogesellschaft immer der letzte ‚Kick' und ‚Fun' gesucht werden, dass menschliches Leben nach dem idealen Genom optimiert wird, andererseits aber Leben, das nicht dem Ideal des Schönen, Jungen und Erfolgreichen entspricht oder gar behindert ist, in Gefahr kommt, schnell unwertes Leben zu werden. Irdisches Leben ist zur ‚letzten Gelegenheit' geworden, das es auszukosten gilt,

denn nachher ist nichts mehr – wie es Paul Michael Zulehner einmal auf den Punkt brachte: „Früher lebten die Menschen dreißig Jahre und dann eine Ewigkeit, heute leben sie 90 Jahre und dann nicht mehr."
Ist nicht auch bei dieser Vertröstung ein berechtigter Protest angebracht? Ich denke, er zeigt sich auch bereits überall dort, wo sich gegen den Primat der Ökonomie ein schwer fassbarer, aber deutlich feststellbarer neuer Megatrend zeigt, nämlich der sogenannten Respiritualisierung oder der Mystik. Es ist dies eine Suchbewegung gegen die Verkürzung und Verdiesseitigung des Lebens, ein Widerstand gegen die Reduktion des Menschen auf einen Produzenten und einen Konsumenten. Es ist letztlich der Wunsch nach Entgrenzung, die Wiederentdeckung der „Spuren der Engel" (P.L.Berger), also des Religiösen.

Was bedeutet die Auferstehung Jesu in diesem Pendelschlag in Richtung der Vertröstung auf den Himmel oder die Erde? Ich denke, daß Ostern sicherlich weder den einen noch den anderen Pendelschlag unterstützt und daß die von Paulus geforderte Ausrichtung unseres Sinnes auf das Himmlische nichts mit einer Entwertung des Irdischen zu tun hat. Drei Gedanken möchte ich zu unserem Osterglauben festhalten.

Zunächst: Wir haben einen Glauben, der die Erde liebt, denn nicht irgendwer ist von den Toten auferstanden, sondern der, der aus Liebe und Solidarität zu uns ganz und gar Mensch, also einer von uns wurde, in allem uns gleich außer der Sünde. So sehr hat Gott die Welt geliebt, daß er seinen Sohn für sie hingab. Seither steht die Würde des Menschen unter göttlicher Garantie, denn Jesus wird seine Menschheit in Ewigkeit nicht abstreifen. Seither ist diese Erde unwiderruflich an diesen Jesus gebunden und trägt trotz des Risses in der Schöpfung göttlichen Glanz. Wir Christen lieben die Schöpfung und dürfen alles Gute und Schöne an ihr dankbar genießen.
Es kann deshalb nie christlicher Weg sein, in Gottes Hände fallen zu wollen, indem man als Selbstmordterrorist Menschen tötet und Irdisches zugrunde richtet.

Christlich kann ein Märtyrer nur sein, der in Konsequenz der radikalen Liebe zu den Menschen und zu dieser Erde stirbt, wie allen voran es Jesus selbst getan hat.

Ein Zweites: Ostern ist jedoch auch die Offenbarung, daß sich diese Welt nicht genügt. Daß Jesus gestorben ist, zeigt vielmehr, daß sie sich in ihrer Selbstgenügsamkeit durch gegenseitige Rivalität und durch die Spirale der Gewalt in Gefahr begibt, das eigene Grab zu schaufeln, wie es das Bild des Turmbaues zu Babel zeitlos aussagt.

Diese Tage haben wir gefeiert, dass sich einer gegen diesen Raubbau an Menschlichkeit stellt, auch wenn es ihm das eigene Leben kostet. Jesus ändert diese Welt des Terrors und der Gewalt, der gegenseitigen Bedrohung und der global und lokal gestörten Beziehungen, indem er sie sozusagen von innen her unterminiert mit grenzenloser Liebe. Nur so kommt Neues in die Welt, nämlich ein Reich der Liebe, des Friedens und der Gerechtigkeit - das Reich Gottes. Jesus gibt sein Leben für die Welt in einer Liebe, die alles sprengt.

Und das ist das Dritte und Wesentlichste, was die Auferstehung Jesu für mich bedeutet: Es ist der Sieg des Lebens und damit die Bestätigung für das, was letztlich einzig und allein in Ewigkeit zählt: die Liebe! Jesu Liebe ist stärker als der Tod und so fällt er – und untrennbar mit ihm diese unsere Menschheit und diese unsere Welt trotz des noch andauernden Karfreitags - in die österliche Fülle des Lebens bei Gott. Er ist als erster und als Verheißung für uns alle auferstanden.

Auferstehung ist nicht irgendein moralisches Destillat der Achse des Guten für die Ewigkeit, sondern die Gewissheit, dass uns nichts mehr, weder der 11. Sept.2002 in New York noch der 11. März 2004 in Madrid, weder die Mauern in Israel noch die Kämpfe in Serbien, weder die Spirale der Gewalt im Irak noch die Unruhen in Afghanistan, weder die Scheidung der Gatten noch ein Suizid in der eigenen Bekanntschaft noch sonst irgendeine Achse trennen können von der Liebe Gottes in Christus Jesus.

Liebe ist das Einzige, was diesseits und jenseits zählt, sie allein verändert hier und dort die Welt. Ohne Liebe wird das Jenseits kein Trost sein; ohne Liebe wird auch das Diesseits nicht zum Himmel, sondern zur Hölle.

Gott sagt in Jesus voll Ja zu dieser Welt, heilt durch dessen Wunden die tödliche Wunden, die die Welt sich selbst immer wieder schlägt, und hält sie so offen für ihre größere Bestimmung, den Frieden, den die Welt nicht zu geben vermag, also die Vollendung bei Gott.

Der Glaubende liebt das Irdische, aber klammert sich daran nicht fest, als gäbe es nichts anderes.

Weil wir auf Jesus Christus getauft sind, sind wir begabt für den Himmel und begabt, die Erde in einem neuen Licht zu sehen. Dieses neue Licht der Liebe lässt keine Vertröstung und keinen Aufschub zu, sondern schenkt die Kraft, hier und jetzt schon im Maß des uns Möglichen die Welt österlich zu gestalten, also Werkzeuge der Liebe und des Friedens zu sein.

Der Verstand kann die Auferstehung nicht fassen; darum begreift Petrus, der Mann des Verstandes und des Willens, noch nicht, was geschehen ist. Johannes, der Jesus in tiefer Zuneigung verbunden war, sah und glaubte, denn die Liebe glaubt an die Auferstehung.

Erst recht glaubte Maria aus Magdala, als sie mit ihrem Namen „Maria" angesprochen ihren Meister erkannte, der ihr die Liebe als die neue und wesentliche Dimension des Lebens erschlossen hatte. Nicht von ungefähr ist es wohl eine Frau, die diese Botschaft vom Sieg und Primat der Liebe den Männern verkünden soll.

Wenn irgendwo so gilt vor allem hier das Wort Saint-Exuperys: „Man sieht nur mit dem Herzen gut; das Wesentlich ist für die Augen unsichtbar." Ich wünsche uns allen diesen Blick des Herzens" für das Geheimnis der Auferstehung unseres Herrn als ein Geheimnis der Liebe, die stärker ist als der Tod. Amen.

Ostersonntag

Kol 3,1-4; Joh 20,1-18 (31.3.2013)

Ostern ist ein Geheimnis des Glaubens. Wir werden und wollen es nicht in den Begriff und schon gar nicht in den Griff bekommen. In drei Gedankenkreisen versuche ich mich tastend dem Geheimnis zu nähern.

Ein erster Gedanke: Am Gründonnerstag habe ich von den zwei Brennpunkten jenes Tages gesprochen, vom Letzten Abendmahl und von der Fußwaschung als Konsequenzen des liebevoll radikalen Daseins Jesu für uns Menschen. Liebe ohne „Wenn-und-aber" ist das Summarium seines Lebens; alles andere ist Kommentar!

Ist aber das Finale solch radikaler Liebe der Tod, wie ihn Jesus auf Golgota erlitten hat? Tod ist doch der Widersinn jeder Liebe. Zu Recht sagt der französische Philosoph Gabriel Marcel „Jemanden lieben heißt zu ihm sagen: Du wirst nicht sterben". Dieses Versprechen schwingt zutiefst in der ehelichen Liebe zwischen Mann und Frau mit. Nicht von ungefähr ist deshalb wohl auch das „Hohe Lied der Liebe" von Paulus im Korintherbrief eine der beliebtesten Bibelstellen bei Trauungen. Dort heißt es von der Liebe: „Sie erträgt alles, glaubt alles, hofft alles, hält allem stand. Die Liebe hört niemals auf." (1 Kor 13,7-8)

Wir erleben jedoch leidvoll, dass wir sterblich sind und die Liebe offenbar dem Tode nicht standhält und also doch aufhört!?

Die Auferstehung Jesu Christi, die wir heute feiern, besagt: Einmal – in Jesus – hat die Liebe selbst dem Tode standgehalten und sie hört seither wirklich nie mehr auf. Ostern ist mit den Worten der Bibel tatsächlich die Hochzeit Gottes mit der Menschheit, also sein endgültiges Ja zu uns allen in einem unwiderruflichen und ewigen Bund. In der Auferstehung Jesu Christi ist dieser Bund mit uns für immer besiegelt. Die Trauzeugen sind alle, die glaubwürdig davon berichten, dass Jesus lebt. Bei der Hochzeit von Kana wurde Wasser in Wein, das Symbol der Liebe, verwandelt. Zu Ostern hat die Liebe den Tod besiegt und wurde alle Sterblichkeit in Unsterblichkeit gewandelt; uns wird die Gewissheit geschenkt, dass uns nichts von der Liebe Gottes in Jesus Christus zu trennen vermag (Röm 8,38f).

Ein zweiter tastender Zugang: Heute Nacht war die Zeitumstellung – von Winterzeit auf Sommerzeit. Das ist eine Sache des Laufes der Erde um die Sonne und der Entscheidung der Menschen, sich die 24 Stunden des Tages dementsprechend so oder so einzuteilen. Was wir heute Nacht gefeiert haben, ist radikal mehr als eine quantitative Zeitumstellung, es ist eine total neue Qualität; es ist die Öffnung unserer Zeit hinein in die Ewigkeit.

Liebende erfahren, dass der äußere Zeitablauf auf einmal unwichtig wird, weil ihre Erfahrung der Liebe neue Dimensionen eröffnet. Es ist die Erfüllung der Sehnsucht der sich Liebenden: „Augenblick, verweile! Du bist so schön!" Alle Liebe möchte Ewigkeit.

Man sagt „Liebe macht blind." Ich verstehe es im Sinne des Kinderspiels: „Ich sehe, was du nicht siehst". Hier gilt fürwahr: „Das Wesentliche ist für die Augen unsichtbar; man sieht nur mit dem Herzen gut." Das gläubige Herz sieht in der Auferstehung Jesu Gottes radikales JA und AMEN zum Menschen und zur Welt.

Der Tod Jesu ist eine historische Tatsache, auch wenn dessen Tiefendimension als letzte Solidarität mit den Menschen ebenso ein Geheimnis des Glaubens ist. Das leere Grab ist eher ein Bildwort für etwas dahinter stehend Tieferes. Falls es leer gewesen ist, gibt es auch nur Anlass zu verschiedenen Auslegungen, angefangen von Diebstahl und Schwindel über Verlegung bis dahin, dass es ein Bild für etwas ist, was nicht mehr historische Tatsache ist, sondern Zeit und Raum sprengt und deshalb nur mit dem Herzen, also auf der Wellenlänge der Liebe erfahren werden kann. Nicht von ungefähr sind es heute im Evangelium vor allem der andere Jünger – es ist Johannes, der beim letzten Abendmahl an seiner Seite lag - und Maria von Magdala, die wie Johannes aus Liebe zu Jesus bis unter das Kreuz ausharrte und ihn jetzt bei der Anrede „Maria" den Klang der Liebe verspürte.

Liebe lässt sich nicht „de-finieren", d.h. eingrenzen. Da gelten vielmehr die Worte Erich Frieds:

„Es ist Unsinn sagt die Vernunft. Es ist was es ist sagt die Liebe.

Es ist Unglück   sagt die Berechnung.   Es ist nichts als Schmerz   sagt die Angst.
Es ist aussichtslos   sagt die Einsicht   Es ist was es ist   sagt die Liebe.
Es ist lächerlich   sagt der Stolz.   Es ist leichtsinnig   sagt die Vorsicht.
Es ist unmöglich   sagt die Erfahrung.   Es ist was es ist   sagt die Liebe."
(Erich Fried)

Ostern ist die Einladung, die Pfade des Eigennutzes und der Verwertbarkeit, des Sich-selbst-Genügens oder des Lebens aufkosten anderer zu verlassen und sich auf die Wellenlänge der Liebe einzustimmen.

Ein letzter Gedanke: Was ermöglicht diese Liebe, diesen Glauben? Nicht das leere Grab, nicht naturwissenschaftliche Beweise! Auch die Zeugen der Auferstehung wären nicht zum Glauben gekommen, hätten sie nicht tief in ihrem Herzen und in ihrer Glaubenstradition auf Auferstehungserfahrungen zurückgreifen können.

Dass ich an die Auferstehung glauben kann, verdanke ich den Menschen, die aus ihrem Glauben in meinem Leben behindernde und lähmende Steine aus dem Wege geräumt und damit Gräber geöffnet haben. Ich denke an meine Eltern, an Freunde und Freundinnen, an geistliche Begleiter und Kollegen, an viele überraschende Zufälle, die sich mir als Pseudonym Gottes entpuppten, wo er nicht persönlich unterschreiben wollte. Auch wir sind freilich eingeladen, anderen Menschen schwere und wehtuende hinderliche Steine aus dem Wege zu räumen und dadurch zu ermöglichen, dass sie mitten im oft sehr schweren Alltag ein Fest der Auferstehung feiern können.

Der Apostel Paulus sagt zu Recht: „Unser Glaube ist nutzlos, wenn Christus nicht von den Toten auferweckt worden ist" (1 Kor 15,17) Aber auch unser Auferstehungsglaube ist sinnlos, wenn er für unser Denken und Handeln keine Konsequenzen hätte. Wenn Paulus uns in der Lesung einlädt, unseren Sinn auf das Himmlische zu richten, nicht auf das Irdische, so will er nicht auf das Jenseits vertrösten, sondern er lädt uns ein, die Liebe als das Geheimnis der Auferstehung auch in unseren Alltag hineinzutragen, zumal zu den Menschen, deren Leben nicht von der österlichen Freude und Hoffnung getragen ist, sondern vielmehr von Trauer und Angst geprägt ist.

Es ist befreiend und entlastend zu wissen, dass Gott selbst die Erde für den Himmel endgültig geöffnet hat. Kraft dieser Hoffnung, die nicht als letzte, sondern nie stirbt, soll ich freilich heute und morgen und immer wieder zu jemand gehen, dem ich mehr in Tat als in Wort auch belastende und lähmende Steine aus dem Weg räumen helfe – durch einen Brief, durch einen Besuch oder durch eine Geste der Versöhnung. So vermag ich auch meinem Nächsten ein Stück Himmel auf die Erde zu bringen. Die Suche nach Jesus führt von den Gräbern weg mitten ins Leben zurück.

In diesem Sinne wünsche ich uns allen ein gesegnetes Osterfest, das in unseren Herzen Wellen der Liebe hin zu anderen schlagen lässt, damit auch sie beglückende Erfahrungen, also Auferstehungs-Erfahrungen machen und dadurch nicht nur die Osterbotschaft hören, sondern auch an sie zu glauben vermögen.

2. Ostersonntag

Apg 5,12-16; Joh 20,19-31 (22.4.2001)

Am Karsamstag war in den OÖ-Nachrichten ein interessantes Gespräch um Fragen des Glaubens zwischen dem Künstler Alfred Hrdlicka und dem früheren Wiener Generalvikar Helmut Schüller abgedruckt, betitelt ‚Auf der Suche nach Jesus'.

Hrdlicka anerkennt darin die kulturelle und tröstende Bedeutung der christlichen Religion, fügt jedoch hinzu: „Eigentlich ist es schade, dass ich nicht glaube. Das ist ein Minus für mich". Weiters sagt er wörtlich: „Über die Sache mit der Auferstehung können wir nicht miteinander diskutieren, weil sie in meinem atheistischen Weltbild keinen Platz hat". Zugleich respektiert er Jesus als wichtige historische Figur und sieht dessen Mehrwert gegenüber anderen Religionen in seinem „unglaublichen

Anspruch"; und er bekennt, dass er danach „Sehnsucht habe, nur keinen Glauben".

Hören wir hier nicht den sogenannten ‚ungläubigen Thomas' des heutigen Evangeliums, der sicherlich als einer der Gefolgsleute Jesu von ihm sehr beeindruckt und von seinem Anspruch fasziniert war und der sicherlich auch Sehnsucht hatte, jedoch nicht glaubte, nicht glauben konnte. Ist diese Frage nach der Möglichkeit des Glaubens nicht die Frage der nachösterlichen Gemeinde - damals und bis heute? - die Frage jedes Menschen? Gerade deshalb ist mir dieser oft so leicht abqualifizierte Thomas sehr sympathisch. Ich möchte drei Gesichtspunkte nennen, die mir besonders zu denken geben.

Da ist zunächst sein Zweifeln. Als Jesus beim Abschiedsmahl zu seinen Freunden über den Weg zum Vater sprach und sagte „Und wohin ich gehe, den Weg dorthin kennt ihr", wirft Thomas ein: „Herr, wir wissen nicht, wohin du gehst. Wie sollen wir dann den Weg kennen" (Jo 14). Das Evangelium berichtet von seinen Zweifeln über die Auferstehung. Die Worte der anderen konnten seine Anfechtungen nicht zerstreuen.

Ist es nicht zutiefst menschlich, auch Zweifel zu haben, im Glauben angefochten zu sein, eine gesunde Skepsis zu bewahren und nicht naiv hereinzufallen, denn wie viele haben sich schon als Retter und Erlöser ausgegeben und waren es nicht! Dieser Zweifel besteht verständlicherweise erst recht gegenüber einer Auferstehung der Toten, denn diese sprengt alle unsere Konzepte.

Mir sind der Zweifel und der Vorbehalt lieber als die Sicherheit mancher, die auch das uns Unzugängliche als eigene Pfründe gepachtet haben und selbst den Glauben fest im Griff zu haben meinen. Ich habe meine Zweifel an denen, die sozusagen 150%-ig glauben? Könnte diese Sicherheit nicht auch Selbsttäuschung sein, notwendige Absicherung und Verdrängung von Angst und Unsicherheit, damit nicht ein Lebensgebäude zusammenbricht?

Hrdlicka hat in dem besagten Interview Recht, wenn er meint, dass Glaube mehr sein müsse als ein Sonntagsritual mit gesellschaftlicher Funktion. Ich bin aber nicht seiner Meinung, dass die einzigen echten Gläubigen die Leute seien, die er in der Psychiatrie getroffen habe, weil diese „keinen Zweifel haben" und sogar behaupten, dass sie Gott gesehen haben. Bei einer gesunden Psyche des Menschen gehört zum Glauben immer wieder auch die Angefochtenheit. So ist es in der Bibel auch von den großen Glaubenden bis hin zu Jesus bekundet und so darf es auch heute noch sein.

Der zweite Punkt, der mich bei Thomas nachdenklich macht, ist in zwei kurzen Sätzen enthalten: beim ersten Bericht über die Begegnung der Jünger mit Jesus heißt es: „Thomas war nicht bei ihnen, als Jesus kam"; bei der zweiten Begegnung heißt es lakonisch: „Thomas war dabei".

„Thomas war nicht bei ihnen". - Könnte das nicht auch mehr sein als eine Ortsbezeichnung? Sage ich nicht gelegentlich auch über Kilometer Distanz zu jemandem. ‚Ich bin ganz bei dir!' Nicht dabei sein heißt vielleicht äußerlich und mehr noch innerlich emigriert sein, distanziert sein, die Gemeinschaft meiden, eigene Wege gehen, sich nicht von anderen berühren lassen, nicht mehr gemeinsam Brot brechen, zu meinen, man brauche die anderen nicht. - Beisammensein, Gemeinsam-Essen, mit- und füreinander das Brot Brechen - waren das aber nicht die wesentlichen Haltungen, die Jesus ihnen vorgelebt hatte? Vielleicht war Thomas dabei, sich selbst zu verwirklichen ohne Rücksicht auf die anderen. Oder er wollte er das seiner Meinung nach sinkende Schiff verlassen? Kennen wir nicht alle die Versuchung, wieder was Handfestes zu haben? Ein Stück Brot, ein Dach über dem Kopf, ein sicheres Einkommen scheinen mehr wert als eine unsichere Gemeinschaft. Verlässt uns nicht ab und zu das Vertrauen in die anderen und bauen wir nicht auch gelegentlich nur auf uns selbst?
Bei manchen ist die Mitgliedschaft in der Gemeinschaft der Ehe, der Freundschaft oder auch der Kirche eher nur noch eine äußerliche und es ist eine Frage der Zeit, wann auch dieser äußere Zusammenhalt in Brüche geht, etwa wenn der nächste Streit ausbricht oder der Kirchenbeitrag wieder fällig ist.

Bei der zweiten Begegnung heißt es: „Thomas war dabei". Ist nicht auch das mehr als ein äußerliches Dabeisein? Heißt das nicht auch: wieder miteinander einen neuen Anfang versuchen, sich neu aufeinander einlassen, das Herz wieder dabei haben? Vielleicht hat ihn die Einladung eines Freundes, eine Begegnung, eine persönliche Erfahrung oder auch einfach Besinnung und Umkehr dazu bewogen. Jedenfalls ist es offenbar entscheidend, dabei zu sein damit die Begegnung mit dem Auferstandenen geschehen kann.

Damit ist etwas notwendig Christliches gesagt. Es gehört ganz wesentlich die Gemeinschaft dazu. Respekt vor jeder Weltanschauung, aber es gibt kein gemeinschaftsloses, kein kirchenloses Christentum, keinen christlichen Glauben ohne Mitgliedschaft im Volk Gottes, so schwach diese Kirche auch sein mag. Christentum ist kein bloßes Retten der eigenen Seele. „Wo zwei oder drei in seinem Namen beisammen sind", ist Er dabei und wird er als lebendig erfahrbar. Das mögen alle bedenken, die allzu leicht mit dem Gedanken eines Kirchenaustritts spielen - wie gesagt, mit allem Respekt vor anderen Weltanschauungen!

Nun noch zum dritten Punkt, der mich bei Thomas anspricht: sein Verlangen, die Wunden des Herrn zu sehen und angreifen zu können. Man mag darin ein allzu naives Begehren heraushören, als ob man den anderen nicht nur angreifen, sondern auch in den Griff bekommen könnte, also Zeichen und Wunder, wie sie die Pharisäer fordern, die den Glauben verweigern.

Kann es nicht auch der zutiefst menschliche Wunsch sein, einen Gott zu erfahren, der nicht über den Wolken thront, sondern mit uns Menschen und auch mit unserem Elend solidarisch ist? Kann es nicht der Schrei nach einem Gott sein, der aus Liebe zu uns mit uns auch Kreuzwege und den unvermeidlichen Tod erleidet? „Durch seine Wunden sind wir geheilt" (Jes 53,5). Selbst als Auferstandener darf er uns nicht enthoben sein, sondern er muss weiterhin die Wundmale menschlichen Daseins als Zeichen der Solidarität tragen. Einem solchen Gott braucht man keine anderen Zeichen abzufordern, weil er sich in seiner Liebe berühren lässt. Auch zwischenmenschlich erfahren wir immer wieder, wie das Herzeigen gemeinsamer Wunden, wo es nicht mißbraucht wird, näher zusammenführt und Gemeinschaft stiftet. Die Wunden des Herrn als Ausdruck seiner Liebe zu uns lassen neu Vertrauen fassen und ermöglichen Glauben. All das bewegt Thomas - durch Zweifel hindurch und neu in der Gemeinschaft der anderen - über sinnliches oder verstandesmäßiges Begreifen hinaus gläubig zu bekennen: „Mein Herr und mein Gott!"

Jesu Rat an Thomas gilt uns allen, die wir nur seine modernen Geschwister sind: „Leg Deinen Finger auf die Wunde!" Anders gesagt: ‚Zeig mir, was Dich am tiefsten verletzte! Lass Dir Deine Fragen nicht ausreden und Deine Zweifel nicht fortschwätzen. Wenn Du mir wieder nahekommen willst, dann rücke mir damit - und nicht mit irgendwelchen vorgefertigten Formeln - an den Leib!'

Das Wunder aller Wunder ist nicht ein Gott, der neben den Leiden dieser Welt und an ihnen vorbei auferstehen kann. Das größte aller Wunder ist, dass dieser Auferstandene selbst in seiner Auferstehung noch die Wunden der Welt an seinem Leibe trägt. Das macht ihn Thomas und jedem seelisch verletzten Menschen, also uns allen, erkennbar und glaubwürdig. Das holt den unendlich weit Fortgerückten wieder in die Nähe freundschaftlichen Vertrauens.

Wenn man es schafft, seine eigene Not in die Nähe dieses Auferstandenen zu bringen, wird man mit Thomas gläubig bekennen können: „Mein Herr und mein Gott!" Amen.

2. Ostersonntag

Apg 5,12-16; Jo 20, 19,31 (Firmvorstellungsmesse 2007)

Liebe Firmkandidatinnen und Firmkandidaten! Liebe Firmbegleiter! Schwestern und Brüder im Glauben!
Was ist mit dem ‚ungläubigen' Thomas, von dem das Evangelium heute spricht? Hat er bei uns keinen Platz, dieser ‚ungläubige' Thomas, wie er oft genannt wird?

Ganz im Gegenteil! Genau dieser Thomas wurde mir immer sympathischer, je länger ich mich mit ihm beschäftigte. Zunächst einmal war er mit seinen Zweifeln gar nicht allein. So heißt es bei Matthäus nach der Auferstehung: „Einige hatten Zweifel". Lukas berichtet sogar, dass die Apostel den Bericht der Frauen für Geschwätz hielten (Lk 24,11). Die Frauenkommission müsste den Aposteln dafür eigentlich das Fettnäpfchen geben, eine Auszeichnung für schlechtes frauenfeindliches Benehmen.

Für Thomas war wie für die anderen gleichsam alles aus; der Mensch, auf den er ganz gesetzt hatte, ist qualvoll am Kreuz gestorben.

Mir gefällt an Thomas, dass er auch jetzt kühlen Kopf und nüchternen Hausverstand behält. Mir gefällt jede Religion, die nicht mangels Argumenten in terroristische Gewalt und Fanatismus oder in weltfremde Schwärmerei abhebt. Ich wünsche mir und uns allen, dass wir zeitlebens den guten Hausverstand beibehalten. Das ist übrigens auch ein großes Anliegen unseres derzeitigen Papstes (morgen wird er 80 Jahre alt), wenn er immer wieder betont, dass der Verstand und der Glaube nicht einfach zwei verschiedne Welten sein können.

Nur fundamentalistische Glaubende sind für Argumente nicht zugänglich. Darum lobe ich auch den Zweifel des Thomas. Ich habe große Bedenken, wenn sich manche allzu leicht als die Hofräte Gottes aufspielen und reden, als wäre Gott je in Worte fassbar. Wenn Du glaubst, Gott begriffen zu haben, dann war es nicht Gott, denn er lässt sich nicht in den Griff bekommen. Jemand Weiser sagte einmal richtig. „Gott ist das, was Du nicht hast, wenn Du alles hast, und er ist das, was Du hast, wenn Du nichts hast."

Der Zweifel hat für jeden Menschen eine wichtige Bedeutung, denn er ist eine Einladung, durch diese Krise hindurch zu wachsen und zu reifen, also auf dem Weg zu bleiben und nicht eine ruhige Kugel zu schieben. Der Zweifel kann die Gestalt der heiligen Unruhe sein, die Gott uns ins Herz gelegt hat, und die nur bei ihm zur Ruhe kommt.

Liebe Firmlinge! Für Euch hat jedoch der Zweifel nochmals eine für Euer Alter ganz wichtige Aufgabe. Ihr verlässt das Kindesalter und werdet junge Erwachsene. Auf dieser Schwelle heißt es, die jetzt unpassenden Kinderkleider auszuziehen und allmählich Erwachsenenkleider anzuziehen. Der Warum - Frage des Kindes folgen Fragen und Zweifeln des Heranwachsenden. Ihr müsst Euren kindgemäßen Glauben ablegen, denn der passt jetzt nicht mehr zu Euch. Der Zweifel ist sozusagen das Treibmittel, der „Browser" in Eurem Reifen.

Habt Ihr vielleicht einmal gebetet „Lieber Jesus, mach mich fromm, dass ich in den Himmel komm", so zweifelt Ihr zu Recht, ob dies auch das für Euer Alter richtige Gebet ist. Ihr steht vor der Alternative, entweder in der Jesus-Beziehung nicht zu wachsen und damit wahrscheinlich den Glauben bald ganz abzustreifen oder kritische Fragen zu stellen und dadurch zu wachsen und zu reifen. ‚Life-long-learning' gilt auch für den Glauben, wobei dieses Lernen vor allem ein ‚learn by heart' ist, ein Lernen mit dem Herzen, d.h. auf der Beziehungsebene. Ihr wollt ja beziehungsfähige junge Menschen werden, in der Beziehung zueinander, zumal auch zum anderen Geschlecht.

Der Glaube an die totale Machbarkeit der Dinge, also alles im Griff zu haben, ist den meisten zu Recht abhanden gekommen. Es gibt heute viele Suchbewegungen, gerade auch in religiöser und spiritueller Sicht. Auch der Zweifelnde ist ein Suchender.

Wie kommt Ihr jedoch durch dieses Suchen hindurch zu ‚neuen Ufern', wie Euer Firmmotto heißt? Ich bin überzeugt, auch hier können wir von Thomas lernen.

Ich meine, dass es drei Dinge sind, die Thomas es ermöglichen schlussendlich zu glauben.

Das erste ist die Erfahrung der Gemeinschaft. Das Evangelium berichtet, dass Thomas bei der ersten Begegnung mit dem auferstandenen Jesus nicht bei ihnen war. Wir wissen nicht, aus welchem Grunde. Dem lebendigen Herrn zu begegnen hat offenbar als Voraussetzung das Mitleben mit der Gemeinschaft der Jesusfreunde, das Mitleben mit dem Volke Gottes in der konkreten Kirche. Ein

Christ ist kein Christ! Gott ruft jeden in die Gemeinschaft seines Volkes, so „hatschert" dieses Volk auch von sich aus oft ist. „Wo zwei oder drei in meinem Namen beisammen sind, da bin ich mitten unter ihnen."
Darum ist es auch eine wichtiger Teil Eurer Vorbereitung auf die Firmung, in dieser konkreten Gemeinschaft der Pfarre – vielleicht nach allzu langer Berührungsangst oder Abwesenheit – hereinzuschnuppern, ja auch selbst etwas beizutragen, indem Ihr bei verschiedenen pfarrlichen Aktivitäten mitmacht. Es ist das Gehen mit dieser Gemeinschaft, die mich erfahren lässt, dass Jesus mit seinem Heiligen Geist in ihr ist.

Die zweite Voraussetzung, dem Auferstandenen Jesus zu begegnen, besteht darin, dass ich meine Gottesbilder loslasse und nach einem Gott frage, der zutiefst menschlich ist, der solidarisch ist mit der Not der Menschen, der um Leid und Schmerz der Welt nicht nur weiß, sondern sie solidarisch mitträgt als Ausdruck seiner Liebe. Es ist die Suche und Offenheit für den Gott, wie Jesus ihn uns offenbart, ein Gott, der uns gern hat und unendlich liebt. Dieser Suche öffnet sich Jesus und zeigt dem Thomas seine Wunde, Zeichen der Liebe bis zum äußersten. Vor einem solchen Gott brauche auch ich meine Wunden und Verletzungen nicht verstecken, auch die Wunden der Kirche, die oft an ihrer Glaubwürdigkeit zehren. Es werden die Verwundungen Jesu und die Enttäuschung des Thomas erwähnt, denn vor diesem Gott hat alles Platz!

Die dritte Voraussetzung, damit Thomas dem Auferstandenen begegnet, ist das Angebot der Berührung. Jesus streckt Thomas seine Hände entgegen und bietet ihm an, ihn zu berühren. Beziehung und Berührung ist, was wir so notwendig brauchen, um glauben und vertrauen zu können. Ihr habt alle schon erfahren, wie wohl es tut, wenn uns jemand umarmt, tröstend die Hand hält oder ermutigend auf die Schulter klopft.

Auch Thomas streckt Jesus die Hand entgegen und drückt dadurch die Sehnsucht nach Nähe aus. Wenn ihr Euch um Beziehung bemüht und Eure Hände in der Firmung nach Gott ausstreckt, wird er Euch als ganze Menschen berühren und auch zu Euch sagen: „Empfangt den Heiligen Geist."

Ich freue mich, dass Ihr Euch auf den Weg gemacht habt, um wie Thomas Eurem Alter entsprechend durch die Fragen und Zweifel hindurch dem lebendigen Christus zu begegnen. Nochmals empfehle ich Euch die drei Voraussetzungen, die wir an Thomas sehen: erstens Gemeinschaft pflegen, also konkret mit der Pfarrgemeinde mitleben, dabei sein und selbst mitgestalten. Zweitens in den Verwundungen Jesu den Gott der Bibel erkennen als einen Gott, der sich liebend für uns hingibt und der uns nicht täuscht im Gegensatz zu all den Götzen der Welt, denen wir oft nachlaufen und die uns ‚fremdsteuern'. Und drittens Berührung suchen, also einander zuwenden und die Einladung Jesu annehmen.

Er allein verdient, dass wir zu ihm „Mein Herr und Gott" sagten, denn er allein will uns zu freien und reifen Menschen mit aufrechtem Gang rufen. Ich wünsche Euch von Herzen, dass Ihr so erfährt, dass sich Auferstehung immer wieder mitten im Leben ereignet. Amen

Christi Himmelfahrt

Apg 1,1-11; Lk 24, 46-53 (17.5.2007)

Vor gut 50 Jahren, als der russische Astronaut Juri Gargarin als erster Mensch in einem Sputnik im Weltraum war, wurde folgende Anekdote erzählt: „Bei einem Bankett im Kreml zieht Chrustschow Gargarin beiseite und fragt Ihn: ‚Hast Du ... da oben ... IHN gesehen?' Der Astronaut nickt. ‚Hab ich mir doch gedacht!' ächzt der Boss. ‚Niemand was weitersagen, verstanden!!' Kurz darauf spricht der Metropolit den Astronauten an und fragt: „Hast Du ..., ich meine, als Du da oben warst ... hast Du IHN gesehen ?" Gargarin schüttelt den Kopf. ‚Hab ich es mir doch gedacht', stöhnt der Alte. ‚Niemand was weitersagen, verstanden!!'"

Hat Gargarin ihn – nämlich Gott - nun gesehen oder nicht? Natürlich nicht, denn das Bild von der Auffahrt Christi in den Himmel entspricht der Vorstellung der Antike, dass die Erde eine Scheibe sei, über der sich die gläserne Kugel des

Himmels wölbe. Der Himmel in der Sprache des Glaubens ist kein geographischer Ort und kein örtliches Jenseits. Es ist also mit Himmel-Fahrt nicht, wie man englisch sagt, der ‚sky' gemeint, wenn schon, dann eher die Wirklichkeit, die ‚heaven' heißt, der Zustand des Tranzendenten und Unendlichen, eine Wirklichkeit, die wir ahnen, wenn wir sagen, uns wie im siebten Himmel zu fühlen, also in der Fülle des Glücks und der Seligkeit zu sein. Von überholten Weltbildern dürfen und sollen wir uns verabschieden, aber nicht vom Kern des heutigen Festes.

Der Blick, den die Jünger Jesu nach oben richten, und die auch im Evangelium genannte Aufnahme empor in den Himmel sind also eine symbolische Aussage. Es könnte ebenso die Rede von dem Blick hinter die Oberfläche der Wirklichkeit in deren Tiefe sein, wie sich der evangelische Theologe Paul Tillich ausdrückt, oder auch der Blick vom Rande in das eigentliche Zentrum und in die Fülle des Seins.

Wir haben, meine ich, freilich auch heute noch Zugang zu dem, was mit diesem Blick nach oben gemeint ist, denn die Fragen nach dem Woher und Wohin unseres Lebens sind so alt wie die Menschheit. Wir ahnen sehr wohl, was Reinhard May meint, wenn er singt: „Über den Wolken muss die Freiheit wohl grenzenlos sein" oder wenn es in einem Spiritual heißt „Give me lands, lots of lands, don`t fence me in". Es geht letztlich um die Entgrenzung von Zeit und Raum!

Der Blick nach oben ist auch Ausdruck für unsere Erfahrung, dass alles, was die Welt zu bieten vermag, unseren Durst und Hunger nicht zu stillen vermögen und dass wir uns nach einem Frieden sehnen, den die Welt nicht zu geben vermag, denn, wie Ingeborg Bachmann, realistisch und vielleicht pessimistisch feststellt „Alles ist zu wenig".

Das heutige Fest besagt, dass dieser Blick nicht ins Leere geht. „Augenblick, verweile; du bist so schön!" Dieser Wunsch wird in einem unendlichen Augenblick in Erfüllung gehen.

Künstler des Mittelalters und auch der Ikonenmalerei wählten deshalb als Farbe dieses Himmels nicht Blau, sondern Gold, das die Vollendung andeutet, aber zugleich schon hier und jetzt in unser Leben hereinfließen kann, denn die Grenzen zwischen Himmel und Erde sind durch Gottes Offenbarung in der Heilsgeschichte fließend geworden.

Es war bereits die Erfahrung des Beters der Psalmen, wenn er gläubig bekennt: „Mit meinem Gott überspringe ich Mauern" oder „Er führt mich hinaus ins Weite"(Ps 118).

Wir kennen die Abschaffung der Grenzen etwa durch das Schengen-Abkommen für den freien Fluss des Handels und der Wirtschaft. Die mit Himmelfahrt gemeinte Abschaffung der Grenzen gilt einem anderen freien Fluss, dem der Liebe von Gott zu uns („So sehr hat Gott die Welt geliebt ...") und von uns zu ihm. In der Menschwerdung des Sohnes Gottes sind die Grenzen unendlich weit geöffnet worden und in der Himmelfahrt Jesu ist die Offenheit der Erde für den Himmel und des Himmels für die Erde endgültig besiegelt worden. Christi Auferstehung und seine Erhöhung zum Vater im Himmel sind wie zwei Seiten einer Medaille.

Das heutige Fest ist also Gottes positive Antwort auf all unsere Fragen und Sehnsüchte, freilich nicht als ein allgemeines ‚Prinzip Hoffnung', wie das dreibändige Werk des marxistischen Philosophen Erich Bloch heißt, nicht als eine wissenschaftlich fundierte Logistik oder eine göttlich begründete trinitarische Mathematik (eins = drei), sondern diese Antwort ist uns geschenkt in der Person Jesu Christi, in dem uns ewige Vollendung zugesagt ist.

Man kann fragen: Wer ist der größere Realist? Der, der nur die Erde sieht und das was man greifen und begreifen, messen und vermessen, machen und verwalten kann, oder der, der zwar alles Irdische wahr- und ernstnimmt, aber darüber hinaus Hunger und Durst nach mehr als alles hat und so offen bleibt für die uns in der Heilsgeschichte geschenkte Antwort, dass der Himmel offen ist und bleibt.

Wenn dem so ist, so heißt dies: Alle Schwermut, alle Niedergeschlagenheit, alles Am-Boden-zerstört-sein, alles Burn-out und in die Enge-getrieben-werden findet eine letzte Befreiung und Freiheit, ja selbst dem Tod ist der Stachel genommen. In Jesus Christus hat die neue Welt ihren unwiderruflichen Anfang gemacht.

Freilich, Himmelfahrt darf kein Überspringen des oft garstigen Grabens der Geschichte und keine Vertröstung auf das Jenseits sein. Vor dieser Gefahr muss gewarnt werden. Ich glaube freilich, dass zurzeit eher das Gegenteil der Fall ist: die Vertröstung auf das Diesseits!

Die Zahl 40, also die 40 Tage zwischen Ostern und Himmelfahrt, verweisen auf den Prozess, den der Glaubende zurücklegen muss, damit er nicht seinen eigenen Projektionen und Wünschen aufsitzt. Überall wo in der Schrift die Zahl 40 auftaucht, geht es um den Glauben zwischen Anfechtung und Gewissheit, um Leben ohne Gott und um neue Zuversicht auf Gott, um Wüstenzeiten, Scheitern und Angst und um die Erfahrung der ausgestreckten Hand Gottes. Die Zahl 40 besagt also, dass es auch die Jünger Jesu nur langsam fassen können, dass das Leben Jesu wirklich ganz gelungen ist.

Durch Christi Geist gestärkt sollen Christinnen und Christen nicht die Hände in den Schoß legen, sondern erst recht zupacken, auf eigenen Füssen stehen und das ihnen Mögliche für Frieden, Gerechtigkeit und Bewahrung der Schöpfung tun. Gottes Reich beginnt nicht im Jenseits, sondern hier und jetzt, wo Liebe nicht nur ein Wort ist, sondern auch Tat ist.

Himmelfahrt beginnt mit dem kleinsten Schritt auf Erden überall, wo die Liebe Spuren hinterlässt. Wir müssen das Jerusalem auf Erden bauen, auch wenn das himmlische Jerusalem es allein zu vollenden vermag. Unser Blick zum Himmel muss zurückgehen auf die Erde, damit die Erde nicht um sich selbst kreist, sondern durch Liebe verwandelt und offen bleibt für deren ewige Vollendung.

So möchte ich das wahre Wort von Ingeborg Bachmann „Alles ist zu wenig" ergänzen durch andere Worte der Dichterin Christine Busta:

„Sorg dich nicht um den Himmel, für den lass die Weisheit Gottes sorgen.

Sicher wird er anders ausfallen, als wir uns vorstellen können.

Aber um diese Erde, die Gott uns anvertraut hat, darfst du dich ruhig weiter sorgen, ohne sein Gebot zu verletzen.

Es wird den Lilien nicht schaden, wenn du ein Gärtner bist,

und wenn du im Winter die Vögel fütterst, gibt´s schon im Frühjahr mehr Gesang.

Und erst recht für den Nächsten, auch wenn er dich nicht kennt,
darfst du noch mehr und besser sorgen, nicht nur mit abgetragenen Kleidern.
Jedoch täglich sorglos und unbekümmert. Lass deine Liebe wachsen!"

Christi Himmelfahrt

Apg 1,1-11; Lk 24,46-53 (9.5.2013)

„Was steht ihr da und schaut zum Himmel empor?" Das ist doch eine dumme Frage, die die zwei Männer in weißen Gewändern den Jüngern Jesu stellen. Wohin sollen sie denn sonst schauen angesichts der Tatsache, dass Jesus „vor ihren Augen emporgehoben wurde"?
Und doch bedarf der Blick nach oben der Korrektur durch die himmlische Stimme oder zumindest der Ergänzung, damit sich der Blick der Jünger wieder auf die Erde und auf die Menschen richtet.
Für mich drückt der heutige Festtag Christi Himmelfahrt die unaufhebbare und wesentliche Spannung unseres Glaubens zwischen Himmel und Erde, zwischen Diesseits und Jenseits aus. Es macht das Christsein aus, gegen alle Einseitigkeit in dieser Schwebe des Lebendigen zu bleiben, weil ich glaube und so lange ich glaube (in Anlehnung an eine Aussage von Max Frisch über die Liebe).
Ich möchte je zwei Beispiele von Einseitigkeiten in dieser oder jener Richtung erwähnen – und ich bin sicher, dass es keinem von uns leicht fällt, jede Einseitigkeit zu vermeiden und die erforderliche Balance zwischen Himmel und Erde wirklich ganz zu leben.

Zunächst zur Einseitigkeit der Erde und des Diesseits.
Ein erstes Beispiel: Wir alle schätzen die Gesundheit, denn sie ist ein ganz hohes Gut. Es ist berechtigt und notwendig, dafür viel Mühe aufzuwenden und die Gesundheit nicht leichtsinnig aufs Spiel zu setzen. Es ist auch richtig, die medizinischen Errungenschaften dafür in Anspruch zu nehmen. Wir sind der

medizinischen Kunst sehr dankbar für altes und neues Wissen. Ich schicke das voraus, um ja nicht missverstanden zu werden.

Es ist jedoch eine einseitige Diesseitigkeit, wenn die Gesundheit zur neuen Volksreligion wird, der alles andere geopfert wird und derentwegen die Ärzte zu „Göttern in weiß" werden. Als Folge dieser quasigöttlichen Unfehlbarkeit und der sozialen Top-Position der Mediziner geht freilich auch der Arzt verständlicherweise auf Nummer sicher, denn bei Behandlungs-Komplikationen wird es vom Patienten und von der Öffentlichkeit als dessen Behandlungsfehler gesehen.

Ein Journalist bringt den Pendelschlag von einem Extrem zum anderen pointiert auf den Punkt: „Früher entrichtete man seinen Obolus fürs Himmelreich in den Klingelbeutel, heute gewährt die Zahlung der Bilanzgebühr den Zutritt ins Paradies der medizinischen Therapie. Früher trat man sich auf Prozessionen die Füße wund, heute steht man sich bei Chefarztvisiten die Beine in den Leib. Das Publikum, das ohne Anbetung nicht auszukommen glaubt, forderte einst den lieben Gott, heute die ‚Götter in weiß'. Die Dome des postmodernen Zeitalters sind die Spitäler. ... Mittlerweile hat die Zahl der Mitglieder von Fitness-Studios die der sonntäglichen Messbesucher übertroffen" (Alfons Krieglsteiner).

Wenn jemand nur der Erde verhaftet ist, dann ist Gesundheit das höchste Gut, dem alles zu opfern ist. Allzu leicht wird dabei vergessen, dass gegen den Tod kein Kraut gewachsen ist und dass Beziehungen nochmals wichtiger sind als alle Medikamente und dass allein sie den Tod überleben?

Das zweite Beispiel falscher Diesseitigkeit: Es ist die Sucht nach mehr, mehr und mehr. Die Steueroasen, bzw. die vielen Steuerhinterzieher sind nur ein Phänomen der unersättlichen Habgier des Menschen, die weder moralische noch rechtliche Grenzen kennt. Nicht Abraham a Santa Clara ist es, sondern Gerald Mandlbauer, vor kurzem in den OÖN schreibt: „Hier die Steuerschwindler, dort die Gierigen und Konsumfetischisten, die ihr persönliches Glück an Besitz koppeln, andernorts die Neider, die dem Nachbarn das Auto missgönnen, weil ihr eigenes damit nicht Schritt halten kann. ... Uns ist die goldene Mitte abhandengekommen. Egoismus ist ein Massenphänomen." Er ruft zur Umkehr auf und meint: „Mein Handy und mein iPad müssen sich mir unterwerfen, nicht ich ihnen." (OÖN, 6.4.13)

Ein bedeutender Ökonom (Thomas Sedlacek, Ökonomie von Gut und Böse) stellt die richtige Diagnose, wenn er sagt: „Wir müssen die Zufriedenheit und die Dankbarkeit für alles, was wir besitzen, wiederentdecken. Wir müssen aufhören, maßlos zu sein."

Es gibt freilich auch die einseitige und deshalb falsche Jenseitigkeit.

Das erste Beispiel: Es gibt eine Frömmigkeit, die schwärmerisch abhebt und meint, ganz bei Gott zu sein, aber in Wirklichkeit vielleicht nur im Genuss des eigenen Wohlgefühls ist. Eigenes Gefühl kann mit religiöser Erfahrung oder gar Mystik verwechselt werden.

Vielleicht hat Papst Franziskus das gemeint, wenn er vor kurzem bei einer Predigt in Anspielung an das spanische Wort für Gott (=Dios) sagte: Glauben sei keine Begegnung mit einem „Dio-Spray", denn Gott sei keine „nichtspürbare nebulöse Essenz". Dio-Spray würde bedeuten, Gott überall ein bisschen zu versprühen, „ohne dass man weiß, was es ist". Christen glauben an einen persönlichen Gott. Einseitige Jenseitigkeit ist auch jede egoistische Frömmigkeit, die nur daran dankt, wie man seine eigene Seele retten kann. Solches Nur-nach-oben-zum-Himmel-Schauen und im quantitativen Sinne möglichst viel Beten ist nicht im Sinne der Menschwerdung unseres Gottes auf Erden. Jesus möchte sehr wohl, dass wir den Blick auf die Erde richten, vor allem auf den Menschen. Österlicher Glaube zeigt sich dort, wo wir den anderen Menschen sehen und hier auf Erden den richtigen Weg suchen.

Vielleicht fühlen sich manche eher fundamentalistisch Glaubende wie die Israeliten, die im babylonischen Exil anbetracht der Bosheit der Welt sozusagen die Koffer gar nicht auspacken wollten. Da sagt ihnen der Prophet Jeremia im Auftrag Gottes: „Baut Häuser und wohnt darin, pflanzt Gärten und esst ihre Früchte! Nehmt euch Frauen, und zeugt Söhne und Töchter. ... Bemüht euch um das Wohl der

Stadt, in die ich euch geführt habe, und betet für sie zum Herrn; denn in ihrem Wohl liegt euer Wohl" (Jer 29,5-7).

Ein zweites Beispiel für falschen Jenseitsglauben ist damit auch angesprochen, nämlich das Sich Heraushalten aus der Politik und aus der Gestaltung unserer Wirtschaft und Gesellschaft, dann dabei könnte man sich die Hände schmutzig machen.

Ehepaare werden sich erinnern, dass sie bei der Trauung auch nach ihrer Bereitschaft gefragt wurden, „als christliche Eheleute Mitverantwortung in der Kirche und Welt zu übernehmen".

Was nützt es, den lieben Gott zu verehren, aber die Liebe zu den Brüdern und Schwestern hier auf Erden nicht zu leben! Wie kann jemand Gott lieben, den er nicht sieht, aber die menschlichen Geschwister nicht lieben, die er sieht?

Mit der Caritas oder Diakonie hier auf Erden steht und fällt unser Glaube. Deshalb ist christliche Mystik, die tiefste Form der Gottverbundenheit, nicht eine Mystik mit verschlossenen, sondern mit offenen Augen. Die Katholische Arbeiterjugend meint dasselbe mit ihrem Dreischritt „Sehen, Urteilen, Handeln".

Beides muss der Glaubende sein: ‚geerdet' und ‚gehimmelt'. Vielleicht drückt sich die Sehnsucht nach dieser echten Balance zwischen Himmel und Erde auch darin aus, dass heute – in einer Zeit der Einseitigkeiten – immer mehr Menschen pilgern. Beides – geerdet und gehimmelt – gehört wesentlich zum Pilgern.

Das heutige Fest Christi Himmelfahrt fragt uns auch nach der Hoffnung, die uns erfüllt (vgl. 1 Petr 3,15). Wir stehen Rede und Antwort: wir glauben mit dem zum Himmel aufgefahrenen Christus an den Himmel, an die ewige Erfüllung unserer Sehnsüchte und an die Fülle des Lebens bei Gott, aber nicht als Vertröstung, sondern als Kraft für den Einsatz auf dieser Erde.

Unsere Antwort wird jedoch „bescheiden und ehrfürchtig" sein: bescheiden – im Wissen um die mangelnde Balance im eigenen Leben, ehrfürchtig – aus Respekt vor dem Geheimnis der Biographie des anderen Menschen, in dessen Innerstes

Gott allein sieht und über den uns kein Urteil zusteht. Für mich und für den anderen bleibt der Himmel Gottes Geschenk. Amen.

Pfingsten

Apg 2,1-11; Joh 20,19-23 (3.6.2001)

Das Weihnachtsfest geht uns allen nahe, da es offenbar unser Gemüt und das Kind in uns anspricht - oder wir es vielleicht zu einem rührseligen Familienfest umfunktioniert haben. Das Osterfest ist uns schon weiter weggerückt, weil es unsere Dimensionen sprengt; die Botschaft hören wir wohl, aber es fehlt uns oft der Glaube. Mit dem Pfingstfest tun wir uns wohl besonders schwer und aus der Verlegenheit machen wir einen willkommenen Frühlings-Kurzurlaub, denn wer kann schon etwas mit dem Heiligen Geist anfangen?!
Wahrscheinlich ist es den ersten Jüngern und Jüngerinnen Jesu ähnlich ergangen. 40 Tage, also geraume Zeit hat es gedauert, bis sie sich der neuen Gegenwart des auferstandenen Herrn gewiss wurden und dieser Gewissheit im Bildwort von der Himmelfahrt Jesu ein Datum und einen Ort gegeben haben. Es dauert nochmals 10 Tage, also nochmals eine Zeit der Reifung und der inneren Erfahrung, bis sie auch dafür offen sind, dass Jesu Geist in ihnen selbst wohnen und sie durchdringen will, um durch sie die Gestalt der ganzen Erde zu erneuern. Diese 50 Tage zwischen Ostern und Pfingsten sind also eine Zeit, in der die Freunde Jesu durch den Auferstandenen aus verschlossenen Kammern in die offene Welt, aus Angst und Zweifel in vertrauende Offenheit für Gottes Geist aufbrechen und so in ihren Auftrag für die Welt hineinwachsen.

Wie steht es also mit dem Geist Gottes? Zunächst gilt wohl gerade auch hier, was das 4. Laterankonzil 1215 über Gott aussagt: Was immer wir über Gott in unseren menschlichen Begriffen aussagen, die Unähnlichkeit des Gesagten zu Gott ist immer größer als die Ähnlichkeit zu ihm.

Diese ‚negative Theologie' besagt also, dass Gottes Geist nicht in den Griff oder Begriff zu bekommen ist. Alle, die genau Bescheid wissen und damit kalkulieren, und alle, die gar über diesen Geist zu verfügen meinen, verwechseln, etwas humorvoll gesagt, den eigenen Vogel mit der Taube des Heiligen Geistes. Einen Zugang zur Wirklichkeit des Heiligen Geistes bewahren sich nur Menschen, die Ehrfurcht und Andacht haben und die offen sind für das Geheimnis schlechthin, für Gott selbst.

Es ist deshalb auch leichter zu sagen, was der Geist Gottes nicht ist als zu sagen was er ist. Ich möchte heute zwei solcher negativer Aussagen machen, um auf diesem Hintergrund behutsam auch eine positive Sicht anzudeuten.

Erstens: Der Heilige Geist ist kein gnostischer oder esoterischer Geist.

Es ist ein Kennzeichen der gnostischen Strömungen aller Jahrhunderte und der aktuellen Esoterik, dass es dabei um Geheimlehren geht, die nur einem inneren Kreis zuteilwerden. Sie haben sozusagen das Geheimrezept fürs ewige Heil.

Die so Privilegierten können den göttlichen Geist, der in ihnen schlummert, durch Erkenntnis oder durch richtige Praktiken in sich entfalten und sich so selbst die Vollendung erarbeiten. Sie erheben ihre Energien bis zum Göttlichen. Oft sind mit diesem modernen Religionsmix viel Fantasie und wenigstens eine Dosis Magisch-Okkultes verbunden und dahinter steht ein boomender Markt für die, die das nötige Großgeld haben.

Nicht selten hat jedoch so ein esoterischer Verwirklichungstrip Ehen und Familien gespalten! Der Schöpfungsauftrag, der Einsatz für diese Erde und die sozial-politische Dimension werden meist auf dem Altar der eigenen Selbstverwirklichung geopfert.

Im Gegensatz dazu heißt es beim ersten Pfingstfest ganz deutlich, dass Gottes Geist allen zuteilwurde, also nicht bloß gewissen Experten oder einer Elite größeren Bewußtseins. Zu Pfingsten wird die Prophezeiung aus dem Propheten Joel wahr: „Alles Fleisch schaut Gottes Heil". Paulus erlebt bald darauf zu seiner

Überraschung, dass Gottes Geist auch den Heiden zuteil wurde und deshalb für deren Taufe das mosaische Gesetz ihnen nicht auferlegt werden darf.

Der Heilige Geist ist ein höchst solidarischer Geist, der nicht unterscheidet zwischen Jude und Grieche, zwischen Sklave und Freier, zwischen Mann und Frau. Es ist also der Geist Gottes, der die Schwere zwischen Arm und Reich zu schließen versucht, der die Vorurteile zwischen In- und Ausländern abbaut und der die Gleichwertigkeit von Mann und Frau in Gesellschaft und Kirche umsetzt.

Anders gesagt: Überall wo Menschen dies tun, sind sie vom Geist Gottes beseelt, welcher Konfession oder Religion sie auch angehören mögen. Gottes Heiliger Geist ist also zutiefst ein Geist der Solidarität, der Caritas und der Geschwisterlichkeit mit allen, ein Geist der absoluten Würde jedes Menschen und deshalb auch ein Geist der in Gott begründeten Menschenrechte, weil alle Gottes Kinder sind.

Der pfingstliche Geist ist jedoch nicht ein Rasenmäher, der alle gleich schert und die Unterschiede einebnet. Es ist vielmehr ein Geist, der jeden und jede anders sein lässt und das ganz individuelle Charisma verbürgt und garantiert, der also jede/n von uns als Original liebt - mit eigener Begabung zum Aufbau des Ganzen.

Der Heilige Geist ist im Gegensatz zur Esoterik eine Gabe, die zur Brüskierung aller menschlichen Selbstherrlichkeit immer ein Geschenk bleibt. Christliches Pfingsten ist nicht Ausdruck der durch eigene Mühe erreichten Erleuchtung, sondern es ist das Fest der endgültigen Besiegelung des Bundes, den uns Gott in Jesus und in dessen Geist geschenkt hat. Es ist ein Geist, der die Erde nicht vernachlässigt, sondern ihr Antlitz ganz erneuern will.

Zweitens: Der Heilige Geist ist kein fundamentalistischer Geist.

Da im Leben viel komplex und kompliziert ist, gibt es immer wieder die Versuchung und die Faszination der einfachen Lösungen, in der Politik, aber auch in der Religion. Ob demagogisch berechnend oder aus einer Leichtgläubigkeit heraus werden Vereinfachungen angeboten und klare Positionen abgesteckt. Die Flucht aus der Komplexität zeigt sich bei den Fundamentalisten oft in einer Ablehnung der modernen Welt. Die Angst wird vielfach zur neuen Kardinaltugend, so dass man lieber aus diesem Jammertal hinaus will als sich im Einsatz für die Welt die Hände schmutzig zu machen.

Es ist leichter, nur Schwarz und Weiß zu sehen als auch differenziertere Farben und Nuancen wahrzunehmen. So werden die Menschen in Gute und Böse eingeteilt, in Freunde und Feinde, in Anhänger und Gegner. Man fühlt sich im Vollbesitz der Wahrheit und tut als ob man den Heiligen Geist für sich gepachtet hätte. Der Glaube wird so nicht selten zur blinden Ideologie; der Andere ist schnell der gefährliche Häretiker, mit dem man gar nicht in Dialog tritt. Nicht selten hat ja eine starke Hand definiert, wo es lang geht und bei wem allein das ‚Heil' liegt.

Der Heilige Geist ist hingegen überall dort am Wirken, wo Menschen verschiedener Ansicht ins Gespräch kommen und Schritte aufeinanderzu machen. Es ist, wie es im Evangelium ausdrücklich heißt, ein Geist, der verschlossene Türen öffnet, Vergebung und Versöhnung ermöglicht und Frieden schenkt. Es ist ein Geist, der gelegentlich als heftiger Sturm feste Bastionen erschüttert und Menschen, die aneinander vorbeigeredet und sich nicht verstanden haben, wieder eine gemeinsame Sprache lehrt.

Es ist also der Heilige Geist am Wirken, wo Regierung und Sozialpartner nach Kompromissen ringen, wo Gatte und Gattin sich von sogenannten Sachzwängen befreien und wieder Zeit füreinander finden und wo Familien wieder miteinander reden und essen.

Es ist Heiliger Geist, wo ich auch in der Meinung des anderen ein Stück Wahrheit zu sehen bereit bin, ohne aus falschem Harmoniebedürfnis meine eigene Ansicht zu verleugnen.

Es ist Gottes Geist in unseren Gemeinden, wo wir auf der Hut sind vor den schrecklichen Vereinfachern und wo wir uns im Vertrauen auf Gott auch der Komplexität des Lebens stellen.

Der Heilige Geist ist ein Geist, der die Kunst der kleinen Schritte lehrt, nicht selten die Stille des Daseins in Nazareth oder die Konsequenz des Weges hinauf nach

Jerusalem , also ein Geist, der dem Alltag mit seinem Kreuz nicht entflieht, aber dadurch die Straßengräben des Fanatismus oder der Resignation vermeidet. Es ist ein Geist, der diese Welt gestalten und erneuern möchte, weil unser Glaube diese Erde liebt.

Beten wir um die Offenheit für diesen Geist Gottes, der uns allen gut tut und unser und der Welt Bestes möchte. Sagen wir Ja zu uns und unsrer Welt, weil Gott uns und der Welt seinen eigenen Heiligen Geist schenkt, um das Antlitz der Erde zu erneuern. Amen.

Pfingsten

Apg 2,1-11; Jo 20,19-23 (30.5.2004)

Aus Angst vor den Juden hatten sich die Jünger Jesu eingesperrt: Sie waren total gelähmt, da sie ja den verloren hatten, der für sie alles bedeutete. Wir haben noch die Worte der Emmaus-Jünger im Ohr „Wir aber hatten gehofft,..." Sie ließen den Kopf hängen und legten die Hände traurig in den Schoß.

Nicht viel anders schildert es die Apostelgeschichte: Nach der Auferstehung und Himmelfahrt (beides hatten die Jünger wohl noch nicht recht verstanden) zogen sie sich ins Obergemach zurück, ich möchte fast wie früher am Lande sagen, ins „Bessere Stüberl", wo man Relikte aus der Vergangenheit museal aufbewahrt. Wäre es so geblieben, wäre höchstens ein christliches Museum oder bestenfalls ein Sakristei-Christentum auf uns überkommen.

Da aber geschah das Unvorhersehbare. Im Evangelium heißt es: „Er hauchte sie an und sprach zu ihnen: ‚Empfangt den Heiligen Geist'." In der Apostelgeschichte hören wir von der gewaltigen und überwältigenden Ankunft dieses Heiligen Geistes in den Zeichen des heftigen Sturmes, der Feuerzungen und der Sprachenbegabung.

Die Jünger Jesu machen die Erfahrung, die der Psalmist gemacht hat und in die Worte kleidet:

„Mich umfingen die Fesseln des Todes... In meiner Not rief ich zum Herrn... Er führte mich hinaus ins Weite, er befreite mich", und dankbar bekennt er „Mit meinem Gott überspringe ich Mauern. Du schaffst meinen Schritten weiten Raum" (Ps 18).

Wir könnten nun in Bewunderung des damaligen Festes in musealer Verzückung verharren, eventuell bedauern, damals nicht gelebt zu haben und dabei das Hier und Heute verabsäumen, denn heute soll sich dieses Schriftwort an uns erfüllen. Heute will der Herr uns aus den lähmenden und tödlichen Fesseln der Vorurteile und Angst, aus Enge und Not herausreißen; er will uns Mauern der belastenden Geschichte und des angstbesetzten Kleinglaubens überspringen lassen und uns hinausführen in Freiräume des Mensch- und Christseins.

Zwei aktuelle uns alle betreffende Nöte möchte ich benennen – mit der Bitte, daß wir darin offen sind für Gottes befreienden Heiligen Geist, damit er uns Freiheitsräume schenke. Die erste Not und der wünschenswerte Freiheitsraum betrifft unsere EU oder besser gesagt, unser Europa; die zweite Not und der wünschenswerte Freiheitsraum betrifft unsere Kirche.

Erstens: Ein paar Gedanken zu Europa: In den Sonntagsreden wurde die Erweiterung der EU sicherlich begrüßt, aber das Gespräch an den Wirtshaustischen ist gewiß oft anders verlaufen!

Wer jedoch hätte vor 50 Jahren angesichts eines durch zwei Weltkriege zerstörten und vielfach geteilten Europas, ja noch vor 15 Jahren angesichts des Eisernen Vorhanges und der Berliner Mauer wirklich zu hoffen gewagt, daß wir im Jahre 2004 dort sind, wo wir stehen?!

Auch wenn diesmal die Euphorie bei uns wohl fehlte und der Feier der Erweiterung längst wieder die Mühe des Alltags gefolgt ist, muß man doch sagen, daß wir Zeugen von etwas geworden sind, was bis vor kurzem kaum denkbar schien. Die Erweiterung war ein sinnvoller und notwendiger Akt, der freilich jetzt erst seiner Übersetzung in die Lebensverhältnisse von 400 Millionen Menschen harrt.

Damit Europa wirklich ein Freiheitsraum sei, braucht dieser Kontinent eine Seele, m.a.W. bedarf er des Heiligen Geistes, der das Antlitz Europas im Kleinen und im Großen verändert:

Im Kleinen: Jede und jeder von uns möge kraft des Heiligen Geistes die Mauern in den Köpfen und Herzen, die Reste alter Vorurteile gegenüber unseren Nachbarn überspringen, vergangenes Unrecht nicht aufrechnen, über die Schlacken der Geschichte die Hand zur Versöhnung reichen und das Mögliche tun, die neuen Mitgliederländer kennenzulernen. So können wir auf gleicher Augenhöhe einander begegnen und bei aller nüchternen Sicht der Probleme können wir die neuen Mitglieder nicht als Bedrohung sondern als Bereicherung erleben.

Im Großen: Europa und die EU werden nur ein Freiheitsraum sein, wenn wir uns aus diesem befreienden Heiligen Geist heraus gegen den zunehmenden und oft alleinigen Primat der Wirtschaft und gegen den „Terror der Ökonomie" (Viviane Forrester) wehren, also dafür einsetzen, daß der Mensch Sinn und Ziel aller Wirtschaft ist und nicht umgekehrt. Europa muss mehr sein als eine seelenlose Wirtschaftsbastion, eine Gemeinschaft der Raffer und Rechner" (Helmut Diwald), denn der Mensch lebt nicht vom Brot allein.

Wir sollen nicht nur jammern, sondern vor allem auch unsere demokratischen Rechte und Pflichten nützen, etwa jetzt bei den EU-Wahlen zur Wahl gehen und unsere Stimme abgeben - wem immer wir unsere Stimme geben, denn Christen können in vielen Fragen durchaus verschiedener Meinung sein.

Die Wallfahrt der Völker hat in Maria Zell hat eindeutige Zeichen der Völkerverständigung und Versöhnung gesetzt und war eine wichtige Etappe zu einem neuen Miteinander in Europa. Wir brauchen uns dieser Seele Europas und deren christlicher Wurzeln fürwahr nicht zu schämen; wir sollen sie um einer gedeihlichen Zukunft willen neu beleben und vertiefen!

Pfingsten – die Herabkunft des Heiligen Geistes möge unsere noch allzu kleinen Räume in unseren Köpfen und Herzen aufbrechen und dadurch auch Europa immer mehr zu einem Freiheits- und Lebensraum für alle hier wohnenden Menschen machen!

Die zweite Not und der wünschenswerte Freiheitsraum betrifft die Kirche selbst. Auch sie hat den Heiligen Geist und den dadurch gegebenen Freiheitsraum fürwahr nicht gepachtet. Die Bibel bringt genügend Beispiele, dass die Jünger Angst haben, fliehen, sich verstecken oder wieder zu allzu engen Vorschriften zurückkehren. Paulus ist deshalb einmal sogar dem Petrus ins Angesicht widerstanden, wie im Galaterbrief nachzulesen ist. Auch die Kirchengeschichte ist nicht nur eine Geschichte der Freiheit im Heiligen Geist, sondern gelegentlich ein trauriges Zeugnis der Verzagtheit, Engstirnigkeit oder Kleinlichkeit, weshalb uns auch kirchengeschichtliche Demut gut ansteht. Wir haben ja gehört, daß selbst die Jünger Jesu sich hinter verschlossenen Türen versteckt hielten.

Zunächst heißt eines der treffendsten Gebet: „Herr, erneuere deine Kirche und fange immer wieder bei mir an!" Jede und jeder von uns, du und ich als Glieder dieser Kirche sind also zuerst gemeint, für den mein Antlitz verändernden Heiligen Geist offen zu sein.

Aber es geht auch um die Kirche als ganze. Manche nachkonziliare Entwicklung läßt heute verängstigte und repressive Strömungen vermuten. Wie sehr bräuchte auch die Kirche heute wieder, dass – wie vor 45 Jahren durch Johannes XXIII – die Fenster und Türen aufgemacht werden, damit der Sturm des Heiligen Geistes sie erfüllt und – vielleicht in einem neuen Konzil - Mut zu notwendigen neuen Schritten schenkt, etwa angesichts des immer bedrängender werdenden Priestermangels oder in Anbetracht der Suche nach Spiritualität und Mystik, aber meist vorbei an der Kirche.

Die notwendige Einheit bedarf auch der berechtigten Vielfalt, die Wahrheit bedarf immer auch der Liebe. Es soll auch heute das Wort von Augustinus gelten: „Im Notwendigen die Einheit, im Übrigen die Vielfalt, in allem die Liebe." Nur so wird die Kirche in der Gesellschaft von heute etwas von der Menschenfreundlichkeit Gottes spürbar werden lassen.

Die am 23. April in Rom veröffentlichte Liturgieinstruktion erinnert an den Anfang des heutigen Evangeliums, an die Jünger, die aus Furcht die Türen verschlossen hatten. Mögen auch Ansätze zu einer vertieften Auseinandersetzung mit der Liturgie und zu einer selbstkritischen Reflexion der Praxis dabei sein, von einem vom Heiligen Geist geschenkten Freiheitsraum ist kaum etwas zu spüren.

Kein nachkonziliares Dokument verwendet Begriffe wie „Mißbrauch", „nicht erlaubt", „Verunstaltung", „verworfen" so häufig wie dieses. Es mag dort und da echte Missbräuche geben, aber diese Zeilen sind zu sehr von vorpfingstlicher Verschlossenheit und Enge, von Disziplinierung und Einschärfung völliger Konformität mit den kirchlichen Bestimmungen und von der Forderung äußeren und inneren Gehorsams geprägt. Der angstbesetzte Sprachstil voller Abgrenzungen und Verdächtigungen und die Einladung, Mißbräuche an die Oberen zu melden, zeugen eher von menschlicher Angst als vom Leben und Freiheit schenkenden Geist Gottes.

Es darf uns allen, auch bei unseren Überlegungen zur Kirchenraumgestaltung, bei allem Respekt vor der rechten Gestalt der Meßfeier nicht primär um buchstabengetreue Erfüllung der Normen gehen, sondern vielmehr um die Frage, die vor 40 Jahren auch die Konzilsväter in der Offenheit für den Heiligen Geist bewegt hat: Wie müssen wir die heiligen Geheimnisse unseres Glaubens feiern, daß der heutige Mensch eine befreiende Deutung seines Lebens und Lebenshilfe findet? Es geht also darum, Leben, Tod und Auferstehung unseres Herrn als für unser Leben bedeutsam und hilfreich zu erfahren.

Es ist letztlich nicht die Frage, ob es Gott gibt, sondern ob es uns gibt: offen oder verschlossen. Bitten wir um die Offenheit für Gottes Heiligen Geist, damit er uns in Europa und in der Kirche überall, zumal auch in Rom, die Mauern der Ängstlichkeit überspringen lasse und uns weiten befreienden Lebensraum für alle schenke. Amen.

Fronleichnam

1 Kor 11,23-26; Lk 9,11b-17 (14.06.2001)

Es ist wohl etwas vom schwierigsten, auf die scheinbar einfachsten Fragen eine Antwort zu geben, denn je einfacher etwas ist, umso mehr ist es ein Geheimnis und umso unsagbarer wird es. Was antworten Sie etwa auf die Frage: 'Was ist das Leben?' Ich gebe ein paar heutige gängige Antworten.

Oft hören wir: „Das Leben ist ein Hit!" - Gilt das auch für den Obdachlosen, der im Pfarrhaus einen Gutschein für die Notschlafstelle erbittet? Ist mein Leben ein Hit, wenn ich an einer gestörten Beziehung leide? Ist mein Leben ein Hit, wenn mich eine Krankheit niederdrückt?

„Das Leben ist Risk und Fun!" - Ist das ein Schlagwort für die Faschingszeit oder auch für alle Jahreszeiten, auch wenn ich gerade eine Durststrecke erfahre und mir der Spaß ausgegangen ist, der Humor zum Galgenhumor wird? Der Risk könnte sich als gesundheitlicher oder finanzieller Absturz erweisen.

„Das Leben ist ein Event!" - Schön und gut, wenn es so ist, aber was ist mit der Gewöhnlichkeit des Alltags und mit der Einsamkeit vieler Menschen, die vergeblich auf Besuch warten?

„Das Leben ist ein Ball!" - Was aber ist, wenn ich als Mauerblümchen am Rande stehen bleibe und mich ausgeschlossen und benachteiligt vorkomme?

„Das Leben ist ein Kick!" - Wo aber bleibt der Kick, wenn ein junger Mensch in seinem Abschiedsbrief u.a. schreibt: "Ich kann nicht mehr... Nie bin ich in irgendeiner Nische heimisch geworden... Ich will Erlösung, nein: ich brauche sie...Ich bin keine verflossene Träne wert"? Warum ging an ihm das Leben vorbei und wurde nicht zum Kick? Hat vielleicht unausgesprochen nur die Leistung als Leben gezählt?

Die Liste von Lebensdefinitionen ließe sich leicht verlängern. - Ich habe oft das Gefühl, das darin das Leben, wie es nun einmal hier auf Erden ist, überfordert wird. Es kann nicht immer ein Hit, Risk und Fun, ein Event, ein Ball und der Kick sein.

Wer dies möchte, also alles möchte, kann am Schluss nur ernüchtert oder gar frustriert feststellen: War das alles? Dieses Auskosten der Dinge, dieses Auspressen des Lebens wie eine Zitrone, dass es womöglich nur ‚dolce vita' hergibt, kann eigentlich letztlich nur das Gegenteil hervorrufen.

Ich habe Extreme genannt, aber wie die jüngsten Umfragen der europäischen Wertestudie zeigen, tendieren Herr und Frau Österreicher dazu, sich womöglich ohne zu große Anstrengungen überall das für sie persönlich Wertvollste und Beste herauszupicken.

Paul Michael Zulehner, der Leiter der Umfrage, fasst den Wertewandel der ÖsterreicherInnen 1990 - 2000 mit den Worten zusammen: „Der Rosinenmensch ist im Kommen". D.h. die ‚Ich-Werte' sind stärker ausgeprägt denn je.

Ich denke, dass die genannten Aussagen über das Leben stark von diesen Ich-Werten geprägt sind und dass dadurch Wir-Werte, Solidarität und Einsatz für andere, eher auf der Strecke bleiben, denn der ‚Rosinenmensch' will im Übrigen möglichst unbehelligt bleiben. Man spricht ja etwas belächelnd von den anderen als den ‚Gutmenschen'.

Ich sehe sehr wohl auch in diesem Verlangen nach Hit, Fun und Risk und, wie immer diese 'neudeutschen' Wörter heißen, einen berechtigten Aufstand gegen die Banalisierung und Funktionalisierung des Menschen. Ich wäre ganz missverstanden, wenn das Gesagte als ein Miesmachen von Erlebnis, Spaß, Freude und richtigem Genuß des Lebens verstanden würde. Ich bin sehr wohl dafür, dass der Mensch, wie Rainer Maria Rilke sagt, „bis an seiner Sehnsucht Rand geht", aber wenn er glaubt, dieser Rand erfülle sich innerweltlich und alles könne ihm hier zuteil werden, überfordert er sich, die anderen und die Welt und macht das hier Mögliche unmöglich. Hat man früher eher auf den Himmel vertröstet, so vertröstet man heute eher auf die Erde. Aber die messianische Fülle (wie sie das Evangelium in den 12 Körben andeutet) gibt es hier noch nicht.

Welche Antwort gibt Jesus auf die Frage: Was ist das Leben? Welche Antwort gibt das heutige Fest Fronleichnam auf diese Frage?

Jesus ist unter uns als Brot; er schenkt sich uns als Brot. Er, der von sich sagt „Ich bin der Weg, die Wahrheit und das Leben" gibt zur Antwort. Leben ist Brot. Brot ist mehr als der lustvolle Ausschnitt des Lebens, Brot ist das Leben in seiner ganzen Bandbreite: manchmal der Schweiß des Angesichtes, mit dem dass Brot gesät, geerntet oder auch verdient wird, gelegentlich die Vielzahl der Körner, die zerrieben werden müssen, um Brot zu ergeben, auch die erforderliche Hitze des Backrohrs oder die Trockenheit und Kargheit des Brotes, immer wieder aber auch die Nahrhaftigkeit und der gute Geschmack und der Genuss des Brotes, das sich immer wieder als notwendend und lebensnotwendig erweist. Von Brot ist noch keinem schlecht geworden.

Brot bedeutet nicht nur Highlights, sondern gerade auch den Alltag und die Kraft dafür, aber auch den Schatz, der im Alltag verborgen ist und den es zu entdecken gilt.

Leben ist Brot, weil es zwei Dimensionen umfasst: die des eigenen Tuns und Beitrags, also der Aufgabe, aber auch der Gabe. Denn Brotzeit und Mahlzeit ist mehr als Kalorienaufnahme. Es ist zutiefst Zeit füreinander, Zeit der Begegnung und der Gemeinschaft.

Die „fünf Brote und zwei Fische", von denen das Evangelium spricht, das ist unsere Zutat. Aber zugleich schenkt sich Jesus darin als Brot für alle Tage, also für die ganze Bandbreite des Lebens, und auch als Verheißung, dass all unsere Sehnsüchte, wie sie im Hit, Kick und Fun gesucht werden, einmal wirklich Erfüllung finden. Die zwölf übriggebliebenen Körbe sind Sinnbild dafür.

Damit Brot Leben ist, bedarf es zweier Bedingungen: man muss es teilen und darf es nicht allein konsumieren und man muss es täglich neu erbitten, damit es nicht nur eigenes Produkt ist, sondern zugleich als Gabe Ausdruck unseres Vertrauens. Deshalb beten wir: „Gib uns unser tägliches Brot".

Mit solchem Brot wird uns Kraft für die Bewältigung des Alltags geschenkt und der lange Atem und die nötige Geduld, ohne in der Flucht davor das Leben jetzt wie eine Zitrone auspressen zu wollen.

Es gibt im Deutschen das Wort ‚Kumpan' für einen Menschen, der mir im Alltag verbunden ist, der die gleichen Erfahrungen mit mir macht, die gleiche schwere Arbeit zu leisten hat, der mit mir teilt, was der Tag an Freud und Leid bringt. Wir sagen umgangssprachlich 'Kumpel' und meinen damit jemanden, mit dem man Pferde stehlen kann. Französisch heißt es *copain* (es kommt vom Lateinischen *companis*, also ‚cum' = mit, „*panis'* = Brot); es meint einen Menschen, der mir durch das tägliche Brot in Freundschaft verbunden ist, der mir viel bedeutet, der mir so notwendig ist wie das tägliche Brot Er ist mir Mit-Brot, er ist mir Brot.

Das heutige Fest Fronleichnam besagt: Jesus ist unser 'Kumpan'; er ist mir als Brot Leben. Wir sind füreinander durch ihn ‚Kumpanen' und sollen es immer mehr werden, also ‚Kumpeln' im ursprünglich tiefen Sinn des Wortes: Menschen, die füreinander da sind und einander nötig haben wie das tägliche Brot und so Leben haben und es einmal in Fülle haben werden. Wir sind das füreinander, weil Jesus Christus unser ‚Kumpan' ist: Gott und Mensch, der mit uns unser Leben teilt, der uns sein Leben mitteilt als Brot für das Leben der Welt. Amen.

Fronleichnam

1 Kor 11,23-26; Lk 9,11b-17 (10.6.04)

Die Wandlung, sagen wir oft etwas verkürzt, ist die Mitte der Eucharistie – und wir meinen damit das Geschehen des letzten Abendmahls, wie es in der Lesung bei Paulus heute beschrieben ist: Jesus nimmt Brot und Wein und wandelt sie zu Zeichen seiner wirksamen Gegenwart, zu seinem Leib und Blut. Ja, das ist das Geheimnis unseres Glaubens. Aber es wäre für sich allein genommen viel zu kurz gegriffen, denn man könnte in Analogie zum Hohenlied der Liebe bei Paulus sagen: Und würde Jesus tausendmal verwandelt, ich aber nicht, so wäre es nichts, würde das Wunder noch so groß sein, mich aber nicht wandeln, so nützte es mir nichts.

Ich möchte heute am Fronleichnamstag von drei immer wieder notwendigen Wandlungen sprechen.

Da ist zunächst die notwendige Wandlung vom Schnellimbiß zur Mahl-Zeit, von Fastfood zum Brot, vom schnellen Aufputschmittel zum tiefer gehenden und länger währenden Mittel zum Leben.

In unserem Wellness-Zeitalter gibt es für alles eine Pillenkur, ein Fitness-Angebot, ein Sofort-Programm. Dadurch werden im Nu Jugend, Schönheit und Kraft versprochen.

Ich frage mich: Hat die Messe ihre Anziehungskraft verloren, weil uns hier nur trockenes Brot gereicht wird? Wäre die Kirche nicht gut beraten, auf seelisches Fastfood umzusteigen, um die Kirchen wieder mehr zu füllen, statt Sonntag für Sonntag Zeit für das eucharistische Mahl anzuberaumen? Träumen wir nicht gelegentlich davon, daß doch auch der Leib Christi so etwas wie eine hochwirksame Tablette und das Blut Christi so etwas wie ein Krafttrunk, ein „energy-drink" für Leib und Seele sein sollte?

Woher kommt sonst nicht nur im Sport die Verwendung so vieler Aufputschmittel, die wie eine energiespendende Injektion oder ein Zaubertrunk dem Empfänger angeblich Flügel verleihen? Warum lesen wir in der Zeitung von den Heimgärten mit Cannabis und anderen Gewächsen, deren Joints schnell high werden lassen? Sind auch nicht die übervollen Lebensmittelregale mit den verschiedensten Sorten oder die Unzahl der verschiedenen Fernsehprogramme Zeichen dafür, daß wir alle nach etwas hungern und auf dem Weg dorthin ein Ding ums andere verschlingen?

Ich frage mich jedoch: Wo wird der Hunger des Menschen wirklich tiefer gestillt, seine Sehnsucht mehr erfüllt: im augenblicklichen Konsum, in der momentanen Triebbefriedigung und der daraus folgenden Hochstimmung, der nicht selten Frust und eine Katerstimmung folgen, oder im Brot, das der Mensch als Frucht der Erde und seiner Arbeit in der Gemeinschaft der Familie und der Christen dankbar isst?

Ist nicht etwas an unserer Lebensweise von dem, was in den 60-er Jahren bereits

Helmut Qualtinger so ausgedrückt hat. „I waß net wo i hin wü, davir bin i um so schnöller durt!"?

Ich denke an den Kleinen Prinzen von Saint-Exupery, dem der Verkäufer durststillende Pillen anbietet, damit er nicht zum Brunnen gehen müsse und wöchentlich dadurch etwa 157 Minuten Zeit sparen könne, worauf ihm der Kleine Prinz antwortete: „Wenn ich 157 Minuten Zeit hätte, würde ich in aller Ruhe ein paarmal zum Brunnen gehen".

Ich möchte in Anlehnung zum Kleinen Prinzen sagen: Die Sonntagsmesse ist eine Einladung, statt der Zeit, die uns der momentane Konsum und die künstliche Hochstimmung zu ersparen scheinen, die eine Stunde zur Kirche zu gehen und dort zu verweilen als einem Ort, wo die Lebensmittel gereicht werden, die den tieferen Hunger und Durst des Menschen stillen.

Jesu Leib und Blut, die wir am Fronleichnamstag in die Mitte unserer Verehrung und Betrachtung stellen, sind offenbar mehr als ein billiges Medikament für eine Hochstimmung; sie sind die Mitte des Lebens und Mittel zum Leben. So wie Gott nicht im Sturm, Erdbeben und Feuer ist, sondern im sanften leisen Säuseln, so wird die Sehnsucht des Menschen nicht in der Sucht von Fastfood und Drogen gestillt, sondern nur im gewöhnlichen Brot des Alltags.

Für das Wachstum und Gelingen des Lebens gibt es letztlich keine Schnellsiederkurse, sondern nur das Brot des Alltags; in ihm berühren sich Himmel und Erde.

Die zweite Wandlung betrifft ein Mißverständnis des Brotes: überall dort, wo der Mensch versucht, den größten Happen zu bekommen, sagt Paulus, ist es nicht das Herrenmahl. Ich möchte hinzufügen: dann ist es auch kein humanes Mahl, weil die wesentliche Dimension der Gemeinschaft fehlt. Wer nur seinen eigenen Magen vollschlagen will, hat die Symbolik des Brotes total mißverstanden. Er ist im wahrsten Sinn des Wortes ein „Eigenbrötler", dessen Seele nach dem „Großen Fressen" (Film) des eigenen Brotes erst recht hungrig und frustriert bleibt.

Nur wenn ich das Brot teile, und sei es sehr wenig, werden die anderen und ich selbst satt. Das ist das Wunder des heutigen Evangeliums von der Brotvermehrung.

„Wenn Christus tausendmal im Brote gegenwärtig wäre, ich aber selbst nicht zum Brot für andere würde, so nützte es mir nichts", würde Paulus sagen. Jemand anderer kleidete es in die Worte:
„Ein Weizenkorn versteckte sich in der Scheune. Es wollte nicht gesät werden. Es wollte nicht sterben. Es wollte sich nicht opfern.
Es wollte sein Leben retten. Es wurde nie zu Brot.
Es kam nie auf den Tisch. Es wurde nie gesegnet und ausgeteilt.
Es schenkte nie Leben und Freude. Eines Tages aber kam der Bauer.
Mit dem Staub und Unrat der Scheune fegte er das Weizenkorn weg."

Eine wesentliche Konsequenz des Empfanges des Brotes daheim und erst recht hier in der Eucharistie ist, daß wir zu Kumpanen werden. Das lateinische Wort „cum" heißt „mit" und „pane" bedeutet Brot. Wer keine Tischgemeinschaft sucht, wer nicht durch den Kommunionempfang Teil des Leibes Christi werden will, ist ein „Eigenbrötler", der an der wesentlichen Bedeutung der Eucharistie vorbeigeht. Brot bloß für das eigene Seelenheil ohne Miteinander im Volke Gottes und Mitgliedschaft in der Kirche ist ein Widerspruch.

Wir bezeugen heute am Fronleichnamstag auch öffentlich, daß es uns auch um dieses Miteinander, also auch um Solidarität im Alltag geht und daß Eigenbrötlerei am Sinn des Lebens vorbeigeht.

Schließlich geht es heute, wenn wir dann unsere Fronleichnamsprozession halten, um eine dritte Wandlung, nämlich kraft dieser Speise brechen wir auf aus allem Stillstand und machen uns immer wieder neu auf den Weg, ein Weg mit einem Ziel.

Der Weg und das Unterwegssein gehören zu den intensivsten Sinnbildern menschlichen Lebens. Wir sind heute für solches sinnbildliche Tun wieder empfänglicher: Prozessionen und Wallfahrten, Sternzüge und Volkswanderungen,

Friedensmärsche und Menschenketten sprechen davon. Ich habe es im vergangenen Jahr auf dem Jakobsweg auch leibhaftig erfahren.
Was wollen wir Christen mit unserer Prozession aussagen? Unsere Welt, in der wir unterwegs sind, ist uns aufgetragen, damit wir sie gemeinsam zum Lebensraum gestalten.
Wir Christen bezeugen, daß wir als Volk Gottes im Namen und in der Kraft Jesu Christi unterwegs sind, unseren Anteil an der Weltgestaltung wahrzunehmen und zum Gelingen des Lebens hier auf Erden beizutragen. Wir geben aber auch unserer Überzeugung Ausdruck, daß dieser Lebensweg ein Ziel hat, eine Vollendung über den Tod hinaus. Die Welt ist nämlich, um mit dem dichter Kurt Tucholsky zu sprechen, „eine Nummer zu klein geraten, um die unendliche Sehnsucht des Menschen stillen zu können".
Auf diesem Weg sind wir gestärkt durch das Brot des Lebens, in dem sich der Herr selbst als Kraft und Nahrung schenkt und uns zu einem Leib verbindet, in dem er uns aber auch die Verheißung gibt, dass dieses Leben einmal vollendet wird im himmlischen Mahl bei Gott in der Gemeinschaft der Heiligen. Das Wissen um dieses selige Ziel unseres Pilgerweges vertröstet nicht, sondern gibt Kraft und Zuversicht für einen guten und gemeinsamen Weg hier auf Erden. Amen.

Fronleichnam
1 Kor 11, 23-26; Lk 9,11b-17 (7.6.2007)

Drei Gedankengängen begleiten mich heute.
Ein erster Gedanke: Ich bin überzeugt, dass jede und jeder von uns irgendwelche Andenken an lebende oder schon verstorbene Verwandte oder Freunde hat, die ihm viel mehr bedeuten als deren materieller Wert. Je näher die Beziehung, umso kostbarer sind uns solche – ich möchte fast sagen – „Reliquien". Dies ist noch einmal ganz besonders der Fall, wenn z.B. Vater oder Mutter, der Partner oder ein

lieber Freund mir am Totenbett etwas vermacht hat. Das kann dann nur etwas sein, was dem Schenkenden und dem Beschenkten besonders viel bedeutet.

Die eucharistischen Gaben sind ein solches Geschenk Jesu an uns in seinen Abschiedsstunden, ja noch viel mehr, sie sind die Deutung und Vorausnahme der Hingabe für uns, die sich in seinem darauf folgenden Leiden und Sterben kundtut, aber auch Zeichen des Sieges des Lebens und der Liebe in seiner Auferstehung.

Mehr als die von mir erwähnten sachlichen „Reliquien" lieber Menschen in unseren Erinnerungsschatztruhen ist freilich das direkt „live" erlebte Geschenk der Zuwendung, angefangen von einer verbalen Anerkennung, etwa einem Wort des Lobes über einen herzlichen Gruß, einen Händedruck, eine Streicheleinheit und eine Umarmung bis hin zu einem Kuss. Da ist der schenkende Mensch selbst zumindest Teil seines Geschenkes (durch seine Hand, durch seine Lippen). Der intensivste Ausdruck für die menschlich mögliche Art, nicht etwas, sondern sich selbst zu schenken, ist wohl die leibhaftig-liebende Hingabe zwischen Mann und Frau. Was darin geschieht, ist nicht nur Zeichen und Ausdruck der Liebe, sondern dadurch wird die gegenseitige Liebe erst recht ganz wirklich, kommt also zu sich in seiner Fülle.

Selbst hier bleibt aufgrund unserer Begrenztheit eine letzte Hürde, sich nicht ganz schenken zu können, denn, wie ein weiser Mensch sagte: „Auch der liebste Mensch ist ein Versprechen, das er nie ganz einzulösen vermag".

Jesus, der Sohn Gottes, vermag diese Hürde zu sprengen und sich ganz in sein Geschenk zu legen. Im Brot ist wirklich er selbst gegenwärtig; darin schenkt er nicht nur etwas oder etwas von sich, sondern sich selbst ganz und gar. Das ist das, was wir ein Sakrament nennen: ein Zeichen, das das Bezeichnete auch in sich enthält und bewirkt.

Ein zweiter Gedanke: Warum nimmt Jesus als Zeichen für sich Brot?
Brot ist das elementarste Lebensmittel, Mittel zum Leben. Es ist nicht bloß statisch irgendwie da, sondern es ist da, um gegessen zu werden, sich uns einzuverleiben

und dadurch uns Kraft und Ausdauer am Lebensweg zu geben, sozusagen Wegzehrung zu sein.

Brot ist außerdem das Lebensmittel, mit dem man sich nicht ein für allemal den Magen füllt, sondern das man jeden Tag neu braucht. Wer sich als Brot schenkt, ist bereit, sich jeden Tag neu zu schenken. Brot ist also das Symbol für Treue und Verlässlichkeit, für Gott „Jahwe", also den Gott, der, wie sein Name besagt, immer für uns da ist, für Gott „Immanuel", Gott mit uns.

Leben tut man letztlich aus solch treuer Beziehung, nicht aus einmaligen Kraftakten oder momentanem Strohfeuer. Brot ist also ein Zeichen für Treue und verlässliche Beziehung, anders gesagt, für den Alltag und dessen Geheimnis, also für das Geheimnis der Treue in der Beziehung.

Leicht vergisst man die Wichtigkeit des Alltages, weil er ja so selbstverständlich ist und nicht von sich reden macht. Deshalb braucht es, so wie einen Muttertag, auch ein Fest der Wichtigkeit des Alltags.

Das ist für mich der Fronleichnamstag, denn im Symbol des Brotes feiern wir die alle Tage uns geltende Liebe Gottes. Und so wie ein Mutter- oder auch Vatertag keine Alibifunktion haben soll, die uns den Rest des Jahres vergessen lässt, wie wichtig Vater und Mutter sind, so soll auch dieser Fronleichnamstag kein Alibitag sein, den Rest des Jahres zu vergessen, wie wichtig uns dieses Brot für die übrigen Tage des Jahres ist.

Leben ist ja nichts Einmaliges, sondern ein Prozess. In diesem Zusammenhang erlauben Sie mir, ein Wort zur „Sonntagspflicht", ein Wort, das vielen Christen noch vertraut ist, aber das vielfach seine wahre Bedeutung verloren hat.

Nicht wenige verbinden damit die Vorstellung von Druck und Zwang, der von außer auf einen ausgeübt wird. Wir sollten wieder einmal uns bewusst machen, dass das Wort „Pflicht" von „pflegen" abgeleitet ist, d.h. so viel wie „für etwas einstehen, sich für etwas einsetzen", und auch „sorgen, betreuen, hegen" bedeutet. Pflegen kann auch heißen „sich mit etwas abgeben, betreiben, gewohnt sein".

Wenn ich um die nicht nur einmalige, sondern alltägliche Bedeutung des Brotes als Zeichen der Beziehungspflege weiß, so heißt das: „Wenn ich am Sonntag die

Messe mitfeiere, pflege ich mein Christ-sein, meine Beziehung zu Gott und zum Volke Gottes". Ohne diese Pflege vertrocknet mein Christ-sein zu einem bloßen Bedürfnis meinerseits. Bloßes Fragen nach meinem Bedürfnis untergräbt eine lebendige Beziehung, setzt sie der Beliebigkeit aus und lässt sie verkümmern.

Hat man früher Pflicht zu sehr als Druck und Zwang interpretiert und vermittelt, so ist jetzt eher das Gegenteil der Fall: Die sogenannte Sonntagspflicht ist oft zur reinen Beliebigkeit und zur bloßen subjektiven Bedürftigkeit verkümmert; der Sonntag ist vielfach zum Ausschlaftag geworden.

Ich bin überzeugt, weder ein zwischenmenschliche Beziehung noch der Glaube als Beziehung vom Menschen zu Gott und zum Volk Gottes verkümmern durch eine solche Einseitigkeit je nachdem, ob es einem gerade taugt!

Es bleibt freilich immer eine persönliche Entscheidung und der Glaube wird Wachstumsschritte und Krisen durchschreiten. Zur Reife des Glaubens gehört allerdings die verlässliche Pflege der Beziehung zu Gott, wie sie vor allem auch in der regelmäßigen Mitfeier der Sonntagsmesse als Quelle und Mitte unseres Glaubens zum Ausdruck kommt. Regelmäßigkeit ist übrigens das Gesetz jeglichen Wachstums.

Ein dritter und letzter Gedanke: Wir tragen heute dieses Brot in einer feierlichen Prozession aus der Kirche hinaus auf die Strassen unseres Pfarrgebietes, hinaus in die Welt. Als Brotgefährten untereinander (‚cumpanes' = ‚Kumpel') sind wir miteinander verbunden, sollen füreinander zum Brot werden, aber auch zugleich Brot für die Welt. Eucharistiefeier darf keine Feier hinter verschlossenen Türen und meterhohen Zäunen sein. Sie muss die Welt miteinbeziehen. Unsere Fronleichnamsprozession ist deshalb auch eine Demonstration, nämlich der Menschenfreundlichkeit Gottes und unserer daraus folgenden Verpflichtung, füreinander zum Brot zu werden.

Wer am Tisch dieses Brotes teilgenommen hat, dem darf der andere nicht gleichgültig sein.

„Der Weg dem Herrn entgegen führt immer tiefer in die irdische Welt hinein. Und wer sich ihr und ihren Problemen verschließt ..., der ist fehl am Tisch des Herrn." (Eberhard Jüngel)

Abgesehen von den gewalttätigen Randalierern haben die friedlichen Demonstrationen der Globalisierungsgegner beim G 8 Gipfel im Heiligendamm zurzeit durchaus etwas mit unserer Demonstration der Fronleichnamsprozession zu tun, denn dort und da ist es ein berechtigter und notwendiger Protest gegen die himmelsschreienden Sünden des Brotraubes durch einige wenige reiche Machthaber und Nationen und ein prophetischer Aufschrei gegen den dadurch verursachten weltweiten Hunger. Es ist ein Appell an uns alle, aber besonders an die Großen und Mächtigen endlich ihren Einfluss dafür einzusetzen, dass das Brot, also die Güter dieser Welt gerechter verteilt werden.

Mit unserer Prozession wollen wir sagen: So wie Gott in Jesus als Brot für alle da ist und uns das tägliche Brot gibt, so sind wir und zumal die reichsten Staaten, die G 8, mit den Worten des Evangeliums aufgefordert „Gebt ihr ihnen, den Hungrigen, zu essen!". Wir sollen Brot für andere werden.

Fronleichnam ist also nicht ein beliebiges folkloristisches Fest von gestern, sondern es ist eine höchst aktuelle Erinnerung, Mahnung und Einladung an alle, Brot füreinander zu werden und für die gerechte Verteilung des Brotes auf unserer Welt zu demonstrieren.

Über den G 8 Gipfel in Heiligendamm sagt man, er solle ehrlicherweise besser „Hochsicherheitsdamm" oder „Scheinheiligendamm" heißen. Tun wir das uns Mögliche, dass auch uns nicht vorgeworfen wird, viel vom Brot zu reden, aber es nicht zu teilen, denn sonst sind auch wir nicht Heilige, sondern auch bloß Scheinheilige. Amen.

Fronleichnam

1 Kor 11,23-26; Lk 9,11b-17 (30.5.13)

In diesen Tagen war in den Zeitungen zu meinem großen Erstaunen und auch Befremden zu lesen, dass 10-jährige Kinder 300 Marken kennen, nicht Briefmarken, sondern Warenmarken. Gestern stand einiges über diesen Marken-Rausch in den OÖN (29.5.13, S 20): „50 Prozent der Konsumkompetenz erlangen Kinder bis zum sechsten Geburtstag. Es ist die Rede vom „Markenfetischismus von Buben und Mädchen". Ich stelle mir die Frage: Gibt es auch ein Markenzeichen unseres Glaubens?
Es ist sicherlich kein Warenzeichen, sondern total anders! Es ist das , was wir am vergangenen Sonntag gefeiert haben: das spezifisch christliche Markenzeichen ist die Dreifaltigkeit, nicht als höhere Mathematik, sondern als sich schenkende Liebe, sich verströmende Beziehung in Gott selbst und überströmende Hingabe und deshalb Teilhabe am göttlichen Beziehungsnetz in der Schöpfung und zumal im Menschen durch das Geschenk der göttlichen Geisteskraft, wie wir es zu Pfingsten gefeiert haben. Das christliche Markenzeichen ist die Liebe.
Übrigens ist auch im so genannten „Enneagramm", einem neunfachen Schlüssel zum Verständnis des Menschen, das Christliche beim Punkt 2, bei der Liebe, angesiedelt.
Ich bin gewiss, dass auch das heutige Fest Fronleichnam dieses spezifisch christliche Markenzeichen und damit die Differenz zu den anderen Waren-Markenzeichen voll zum Tragen bringt.
Was ist der Unterschied zwischen den Markenzeichen der Welt und dem Markenzeichen des Reiches Gottes? Es gibt ein lateinisches Wort, das beide verbindet, das lateinische „cum" oder als deutsches Fremdwort „Kon".
Für die Markenzeichen dieser Welt steht summarisch das Wort „Konsum". Der Philosoph Erich Fromm spricht vom Modus des „Habens": Hast Du was, bist du was; hast du mehr, bist du wer! Nicht wenige Menschen definieren sich durch ihr Haben, durch ihren Besitz und sind oft davon ganz „besessen". Das „Cum" oder

„Kon" in Konsum verweist auf das kleine Ego und hebt sich negativ vom Du des anderen ab; das Mehr des einen lebt vielfach vom Weniger des anderen. Berechtigtes Konsumieren ist richtig und auch für die Wirtschaft wichtig. Fehlerhaft wird es dort, wo ich mein persönliches Markenzeichen, mein Selbstwertgefühl auf solche trügerische Marken aufbaue, die das, was sie versprechen, nie halten können, sondern letztlich enttäuschen müssen. Wo an Stelle von Kommunikation die Konsumation tritt, bleibt der Hunger der Seele ungestillt.

So sehr Shopping für manche eines der beliebtesten Freizeitvergnügen ist und angeblich die Einkaufstempel viel Erlebniswert vermitteln, ist es ein oberflächliches Erleben, ohne wahres Leben mit Tiefgang zu vermitteln. Auch die vor einigen Jahren erschienene Shell-Studie über die Jugend von heute zeigt, dass 88 Prozent der Jugendlichen nicht den materiellen Gütern nachjagen, sondern so wie auch die Erwachsenen tiefe Sehnsucht nach Familie, Nähe und Freunden haben. In der Zeitung war auch gestern nachzulesen: „Damit Kinder positiv aufwachsen können, benötigen sie primär nicht materielle Dinge, sondern Zuwendung, Anerkennung, Lob". Jeder Mensch sehnt sich nach Zuwendung, die durch nichts ersetzt werden kann. Eltern sind deshalb eingeladen, sich im Gespräch mit den Kindern kritisch zu unterhalten und ihnen auch Grenzen zu setzen, damit der Mensch sich nicht definiert ‚Ich konsumiere, also bin ich'. Markenfetischismus beginnt dort, „wo ich versuche, mich als Person über Materielles aufzuwerten" (OÖN ebd.) Doch „Alles ist zu wenig" (Ingeborg Bachmann).

Bert Brecht sagt einmal „Zuerst kommt das Fressen, dann die Moral". Er fordert damit zu Recht, dass man nicht von geistiger Nahrung predigen dürfe, bevor man nicht auch – zumindest gleichzeitig – die hungrigen Mäuler stopft. Moralisches Leben verlangt demnach als Voraussetzung auch materielle Grundlagen. Reichtum allein hat allerdings noch keinen Menschen zu einem besseren Menschen gemacht.

Für das Markenzeichen des Christlichen stehen für mich statt Konsum die Kommunikation und die Kommunion. Gott, in sich selbst Liebe, schenkt sich dem

Geschöpf. Die erste lebensspendende Mund-zu-Mund-Beatmung ist wohl bereits in der Schöpfung geschehen, da Gott dem Menschen seinen Geist (Ruach) einhaucht – und er tut es bei jedem neugeborenen Kind immer wieder.

Welches andere Zeichen sollte und konnte Gott eigentlich als sein Markenzeichen wählen als das Brot?! Brot ist unbedingt notwendig; es ist die elementare Speise schlechthin. Brot steht für die sich verschenkende hingebende Liebe. Brot findet seinen Sinn darin, sich dem anderen als solches hinzugeben und ihn dadurch zu stärken. Das Gastmahl hat deshalb in der ganzen Bibel eine entscheidende Bedeutung, angefangen von den drei Männern bei den Eichen von Mamre, die bei Abraham einkehren und von ihm und Sara gastfreundlich aufgenommen werden, über die Gastmähler, an denen Jesus teilgenommen hat, und die Brotvermehrung, von der das Evangelium berichtet, bis hin zum letzten Abendmahl, in dem sich die Liebe Jesu leibhaftig im Zeichen des Brotes ausbuchstabiert, und zum Bild des Himmels als Gastmahl.

Hier bedeutet das „cum" oder „kon" das gemeinsame Band der Liebe, also Kommunikation und Kom-munion.

Wir werden mit Gott selbst „cum-panes", wörtlich „Brot-Freunde", Tischgenossen oder, salopp gesagt, Gott und Mensch werden in Jesus „Kumpel", d.h. Jesus ist der Freund, auf den wir uns ganz verlassen können, weil er mit uns durch dick und dünn geht, ja selbst im Nullpunkt menschlicher Existenz, im Tode, mit uns solidarisch bleibt.

Brot steht für die tiefe Erfahrung: Geben ist seliger denn nehmen! Oder wie Jesus sagt: „Eine größere Liebe hat niemand als wenn einer sein Leben für seine Freunde gibt!

Wenn nur das Waren-Markenzeichen zählt, wird der Mensch zum materiellen Autisten, der im Modus des Habens seine Seele verhungern lässt.

Wer das christliche Markenzeichen des Brotes zu dem seinen macht, lebt im Modus des Seins. Er bekennt sich zur ‚Proexistenz' Gottes in Jesus, d.h. zur liebenden Hingabe Gottes in Jesus. Wem der uns liebende und mit uns solidarische Gott im

Brote nahe kommt, der lässt sich selbst auch hinein nehmen in das Netzwerk mitmenschlicher Liebe und wird zum Brot für die anderen in Werken der Caritas und Diakonie. Über alles physikalische Vermehren hinaus liegt auch im gegenseitigen Beschenken das Wunder der Brotvermehrung, von der das Evangelium berichtet. Damit steht und fällt die Kirche.

Öffnen wir uns also für das Wunder der Verwandlung des Brotes zum Markenzeichen der Liebe und lassen wir uns auch selbst wandeln zu Brot füreinander, also zu Menschen der Liebe. Amen.

9. Sonntag
1 Kön 17,17-24; Lk 7,11-17 (9.6.13)

In beiden Lesungen ist heute von Todkranken die Rede. Ich gestehe, dass es mir als gesundem Menschen nicht leicht fällt, darüber in angemessener Weise zu sprechen. Ich will es dennoch versuchen, denn immer wieder begegne ich solchen Menschen. Ich erinnere mich auch an die erste Frage, die mir vor 30 Jahren gestellt wurde, als ich die Ausbildung für die Telefonseelsorge machte; sie lautete: „Haben Sie selbst auch schon Leid und Schmerz erfahren?!

Vor dem Bericht der Lesung von heute steht, dass die Witwe von Sarepta den Propheten Elija aufgenommen und ihm auf seine Bitte Wasser und Brot gegeben hat. Mit dem letzten Öl backt sie das Brot. Der Prophet verspricht ihr, dass der Ölkrug und der Mehltopf nicht mehr leer werden.

Was hilft das alles, wo jetzt ihr einziger Sohn schwer krank wird. Ist es ein Koma oder eine Todeskrankheit? Die Bibel ist ein sehr realistisches Buch, das den Tod nicht verdrängt, während wir gerade darin oft Verdrängungskünstler sind und uns irdische Paradiese schaffen (Konsumparadies, Wissenschaftsparadies, Freizeitparadies). Aber all diese Paradiese können ihre Versprechen letztlich nicht halten. In diesem Sinne gilt von vielen, was der Dichter Eugen Ionesco sagt: „Die

Menschen gehen auf ihrem Planeten im Kreis wie in einem Käfig, weil sie vergessen haben, dass man nach dem Himmel sehen kann."

Krankheit wird zur Belastung und löst viele Fragen aus: Fragen nach dem Sinn des Lebens. Es kommt damit auch zu einer Glaubensprobe, die nur schwierig zu bestehen ist. Niemand von uns weiß, wie es ihm dabei ergeht. Kranke bedürfen deshalb unserer besonderen Nähe, aber auch die den Kranken Nahestehenden.

‚Tod auf Verlangen' ist hoffentlich keine österreichische ‚Lösung', denn eine solche ‚Endlösung' ist eigentlich ein Schrei nach menschlicher Nähe und Beziehung, wie sie in den Palliativstationen geschenkt wird. Da heißt es zunächst einmal, auch Vorwürfe, Protest, Auflehnung und Missverständnisse der Kranken auszuhalten.

Die Witwe von Sarepta fragt sich verständlicherweise: Warum trifft es gerade meine Familie?

Die vorwurfsvolle und verbitterte Reaktion der Frau ist eine zweifache: Die Frage an den Propheten „Was habe ich dir Böses getan?" und die Frage: „Will mir jemand Böses zufügen?" Wenn Gott das Gute belohnt und das Böse bestraft, wie es in einem alten Katechismus stand, so ist es nahe liegend, zu vermuten, dass der Prophet gekommen ist, um ihre Sünden aufzudecken.

Die Vermutung, dass Krankheit und überhaupt unser Schicksal und Böses miteinander verquickt sind, sitzt auch heute noch tief in uns. Kranke dürfen auch das sagen – in der Phase des Nichtwahrhabenwollens, des Protestes und der Zurückweisung.

Der Prophet Elija ist sicher auch persönlich betroffen vom Leid der Witwe, „in deren Haus ich wohne". Er gibt zuerst die Klagen – so wie Mose – an Gott weiter. Er setzt sich aber auch persönlich für das Kind ein. Er bringt sich ganz als Mensch ein, indem er einfühlsam und Nähe schenkend den Knaben diskret in das Obergemach bringt. Er bringt aber auch seinen eigenen Glauben ein, ruft Gott an, traut ihm zu und „beschwört" ihn als Freund und Liebhaber des Lebens, dem Sohn das Leben wieder zu schenken. Das dreimalige Sich-über-ihn-Beugen ist eine biblische Version auszusagen, dass hier nur noch Gott selbst helfen kann; wir finden es in den drei Tagen des Todesschlafes Jesu wieder. Die Auferweckung des Sohnes der Witwe von Sarepta ist so wie die Auferweckung des Sohnes der Witwe von Nain ein ‚Vor-Zeichen' auf den hin, der von sich sagen wird: „Ich bin die Auferstehung und das Leben" und der an uns die Frage stellt: „Glaubst du das?" Unsterblichkeit im biblischen Sinne ist nicht eine philosophische Lehre einer Unsterblichkeit der Seele, sondern eine dialogale Beziehungswirklichkeit: Gott ruft den Menschen nochmals aus der letzten Namenlosigkeit und Beziehungslosigkeit (das, was Unterwelt ist) beim Namen ins Leben. Beziehung ist Leben! Die Feier des Todes und der Auferstehung unseres Herrn ist und bleibt das „Geheimnis unseres Glaubens".

Ich denke, dass hier eine positive Interaktion zwischen der Witwe und dem Propheten erfolgt, sozusagen eine „win-win-situation". Elija ist aus dem Munde einer heidnischen Frau in seiner Berufung als Mann Gottes bestätigt worden. Nun hat er gelernt, was die Frau vorher für ihn getan hat, indem sie das Letzte hergegeben hat für das Leben des Elija: Er hat gelernt, sich für das Leben eines Mitmenschen, das Leben des Kindes einer heidnischen Frau ganz einzusetzen. Hier gibt es keine konfessionellen Grenzen; es geht um Menschen – und das ist das Wichtigste! Hat der Prophet nicht Nachhilfeunterricht von der heidnischen Frau bekommen?

Vielleicht schauen wir bei Jesus manchmal zu schnell auf die Tatsache der Heilung. Wir sollen nicht übersehen, dass er zunächst ganz bei den Menschen da ist, sozusagen als Leib-Seel-Sorger. So heißt es heute im Evangelium, dass er Mitleid mit der Witwe hatte, also menschlich tief berührt war. Jesus teilt die Erfahrung der Gebrochenheit menschlichen Daseins. Er weint und ist auf tiefstem Herzen bewegt, ehe er Lazarus aus dem Grabe ruft. Bevor er Kyrios und Heiler ist, ist er der still leidende Bruder, der auch mühselig sein Kreuz trägt und einen Fuß vor den anderen setzt. Das ist notwendige Voraussetzung für das andere und ist Ausweis seiner wahren Menschwerdung.

Jesus ist kein Computer-Heiler, der Medikamente und Rezepte verteilt oder mit Hokuspokus Menschen heilt, sonder von ihm gilt zuallererst. Dass Freude und Hoffnung, Trauer und Angst der Menschen, zumal der Bedrängten, seine ureigene Freude und Hoffnung, Trauer und Angst sind, denn nichts Menschliches ist ihm fremd.

Heutiges Unbehagen an Medizinern, aber auch Seelsorgern liegt in der Gefahr, dass wir Profis, Fachleute und Experten sein möchten, die Ratschläge oder Arzneimittel verteilen und uns dabei vielleicht die Menschen vom Leibe halten, weil wir es oft nicht aushalten, ‚nichts' tun zu können, selbst hilflos zu sein, nur Mensch zu sein, nur mitleiden zu können, keine unmittelbaren Früchte zu sehen.

Heil können wir nur schenken; Seelsorger können wir nur sein (damit sind wir alle gemeint!), wenn wir uns selbst einbringen. Das Dasein bei anderen und für andere ist Vorbedingung aller gegenseitigen Seelsorge.

So stellen für mich beide Bibelstellen des heutigen Sonntags an jede/n von uns die Frage, ob wir versuchen, zuerst ganz Mensch und Mitmensch zu sein.

Seitdem Gott Mensch geworden ist, bedeutet Christsein zunächst ganz Mensch sein. Dies löst eine positive Interaktion aus. Auch wenn wir sterbliche Menschen niemanden vom biologischen Tod zurückzuholen vermögen, so können wir doch den Mitmenschen vor dem sozialen Tod bewahren und retten.

Geben wir uns darin auch einander Nachhilfeunterricht, wie es Elija und die Witwe von Sarepta getan haben! „Einander schenken die Menschen das Himmelbrot des Selbstseins." (Martin Buber) Amen.

12. Sonntag

Gal 3, 26-29; Lk 9,18-24 (20.6.2004)

„Grenzenlos" - So heißt die heurige Landesausstellung. Mit dem Namen soll wohl die grenzüberschreitende Zusammenarbeit von Bayern und Oberösterreich gemeint sein. Bei allem berechtigten Lokalstolz ist in dieser doch sehr kleinen Welt wenig vom Duft der großen weiten Welt zu verspüren. Da tue ich mir schon leichter, wenn ich von den „Ärzten ohne Grenzen" und deren weltweiten couragierten Einsatz höre.

„Grenzenlos" ist keiner von uns, denn wer weiß nicht um seine Grenzen, Schwächen und Beschränkungen und erleidet sie nicht manchmal schmerzlich? Ja, „über den Wolken, da muß die Freiheit wohl grenzenlos sein", nur dorthin schaffen wir es von uns aus nicht.

Es bleibt freilich Ausdruck einer in uns tiefliegenden Sehnsucht. Jede ‚Definition' des Menschen zeigt auch seine Grenze, denn ‚finis' heißt ja Grenze! Am ehesten fühlen wir uns noch grenzenlos, sozusagen im siebten Himmel, wenn ich geliebt bin und liebe! In der Sehnsucht nach Liebe und in deren Verwirklichung beginne ich am ehesten grenzenlos zu werden.

Wenn die Bibel nach dem Wesen des Menschen fragt, so gibt sie keine Definition, sondern bezieht den Menschen auf Gott, etwa im Psalm 8 :"Was ist der Mensch, daß du an ihn denkst, des Menschen Kind, daß du dich seiner erbarmst?" oder im Buche Hiob : „Was ist der Mensch, daß du groß ihn achtest und deinen Sinn auf ihn richtest?" (Ijob 7,17)

Durch die Beziehung zu Gott verschwinden die Grenzen nicht. Wir kennen die für uns alle symptomatischen Antworten von Berufenen „Ich bin zu jung! Ich kann nicht reden! Ich kenne keinen Partner!" usw., aber in der Anerkennung dieser Grenzen erfährt er Gottes grenzenlose und entgrenzende Liebe: „Mein bist Du. Ich habe dich gerufen ...Bei mir ist kein Ding unmöglich!" - Durch Gottes Liebe – und allein durch sie – wird der Mensch grenzenlos!

Durch die Menschwerdung Jesu wird Gottes Grenzenlosigkeit in die Menschheit hinein getragen. Nun braucht sich der Mensch nicht durch Unterscheidung von anderen, durch Vergleich mit anderen definieren: Bin ich besser, schlechter, schöner, hässlicher, erfolgreicher oder erfolgloser als andere? Von Gott her wird der Mensch entgrenzt hin auf seine absolute Würde, die jeder Mensch hat.

Paulus sagt es heute im Brief an die Galater mit den Worten: Alle Getauften sind Kinder Gottes, haben Christus als Gewand angelegt. „Es gibt nicht mehr Juden und Griechen, nicht Sklaven und Freie, nicht Mann und Frau; denn ihr alle seid ‚einer' in Christus Jesus." (Gal 3,28)

Ich kennen keinen Satz, der beeindruckender und radikaler die von jeder Eigenschaft, von jeder Begabung und von jedem ökonomischen Wert unabhängige, allein von Gott verbürgte absolute Würde des Menschen zum Ausdruck bringt.

Es ist zunächst eine Gabe, d.h. die Zusage Gottes, daß wirklich der Mensch absoluten Vorrang hat und daß keine nationalen, geschlechtlichen oder sozialen Schranken zählen, dass also aller Nationalismus, Sexismus und Ökonomismus widergöttlich ist. Es ist von Seiten Gottes nicht nur ein frommer Wunsch, sondern in Christus verbürgte und garantierte Wirklichkeit, von der uns nichts mehr zu trennen vermag.

Es ist auch nicht billig hingesagt in einer Stunde des Gefühlsüberschwangs oder momentaner Verliebtheit, sondern dafür hat Jesus in dieser von Grenzen und Vorurteilen geprägten Welt sein Herzblut hingegeben. Weil der Menschensohn den Menschen und die ganze Welt grenzenlos liebt, mußt er vieles erleiden, getötet werden und so in dieser Liebe, die stärker ist als der Tod, von Toten auferstehen.

Das Zweite Vatikanische Konzil spricht deshalb von der gleichen Würde aller Getauften, weshalb es eigentlich – bei aller Besonderheit der Berufungen - keinen ‚Hochwürden' im Unterschied zu anderen gibt. Nicht erst der Tod macht alle Menschen gleich, sondern bereits die Taufe!

Damit sagen wir freilich auch, daß die Gabe eine Aufgabe ist, daß dem Sein ein entsprechendes Handeln folgen muß. Zugleich müssen wir gestehen, daß wir hier alle noch – in Gesellschaft und Kirche - stark nachhinken! Wer weiß nicht um die berechtigten Anliegen etwa des Antirassismus, um die Anliegen etwa des Sozialforums oder der feministischen Bewegung?

Gerade darin sollten die Christen und Christinnen wahre Globalisten sein, nicht der Vorrangstellung von Rassen, sozialen Schichten oder Geschlechter, sondern der allein in Gott begründeten Freiheit, Gleichheit und Geschwisterlichkeit. Es zeigt vom traurigen Nachhinken auch der Kirche, daß diese Menschenrechte gelegentlich gegen die Kirche durchgesetzt werden mussten, aber ich bin fest überzeugt, daß sie nur auf dem Boden der biblischen Überlieferung wachsen konnten und gewachsen sind.

Jesus fragt im Evangelium die Jünger, für wen ihn die Leute halten. Entscheidend ist aber dann die Frage: „Ihr aber, für wen haltet ihr mich?" also, „Du und ich, für wen halten wir Jesus?"

Das ist keine Maturafrage, bei der ich angehäuftes Wissen loswerde. Jesus will auch keine Information über sich als Antwort; an Information ist diese Gesellschaft schon randvoll und hier hat das Internet den Menschen schon überholt und abgelöst. Und seien es Millionen Suchergebnisse, die der Computer ausspuckt, es ginge am Sinn der Frage vorbei. Wir blieben in unserer definierten, also begrenzten Welt und würden nie etwas von Gott erfahren.

Er-fahren tut man von Gott nur etwas, wenn man sich auf ihn einlässt, wenn man sich ihm in Vertrauen öffnet und mit ihm in diesem Vorschußvertrauen einen Weg beginnt, ohne gleich immer zu fragen: Was habe ich davon? Was gibt es mir? Taugt's mir?

Jesus erwartet keine Definition seiner selbst, sondern unser Einlassen auf ihn, um ihn als den zu erfahren, der alle Grenzen sprengt. Wichtiger als das ‚Lifelong learning' an Wissen ist das ‚Lifelong learning' an Vertrauen und Liebe. Das ‚Credo' der Lippen genügt nicht, wenn es sich nicht wandelt zum „cor dare", zum Geben des Herzens an Gott, zur Herzensbildung, zur Offenheit des Weges mit Christus. Die sitzende Theologie, würde Karl Rahner sagen, muß zur knieenden Theologie werden, das Gespräch über Gott zum Gespräch mit ihm.

Die Frage „Für wen hältst du mich?" ist eine Einladung zu einer gegenseitigen Freundschaftserklärung – aus der Erfahrung, wie sie im Evangelium steht: „Da sah ihn Jesus an und liebte ihn." (Mk 10,21) Nicht von ungefähr fragte Jesus Petrus vor der Beauftragung mit dem Leitungsamt dreimal nach seiner Liebe und mit der Antwort des Petrus „Du bist der Messias Gottes" ist kein Katechismus-Wissen wiedergegeben, sondern die Erfahrung, daß in diesem Menschen Jesus unsere tiefste Sehnsucht nach grenzenloser Annahme nicht ins Leere geht, sondern ankommt.

So wie zwischenmenschliche Liebe nur in der „Schwebe des Lebendigen" (Max Frisch) mit ihrer grenzensprengenden Wirkung zu erfahren ist, so werde ich auch Gottes Liebe als Fülle und Vollendung all unserer Sehnsucht nur erleben, wenn ich mich auf die Beziehung und Freundschaft mit ihm einlasse, also das ‚Effata' der Taufe, diese Offenheit für Gott, tagtäglich umsetze.

Nicht die Institution der Kirche, so wichtig und unentbehrlich sie als Werkzeug des Heiles ist, nicht die Theologie, so notwendig die Anstrengung des Begriffes ist, nicht die sozial-caritative Tätigkeit, so sehr sie zum Erweis echten Glaubens gehört, nicht die Rede über Gott, sondern allein das Gespräch mit ihm und die Beziehung zu ihm zählen letztlich und werden allein den Hunger und Durst der menschlichen Seele stillen; diese geht nämlich ins Grenzenlose.

Nehmen wir die Frage Jesu „Für wen hältst du mich?" an als Einladung, die Beziehung zu ihm erneut im Gebet und im Gottesdienst und in den Erfahrungen des Alltags zu pflegen. Amen.

12. Sonntag

Gal3,26-29;Lk9,18-24 (23.6.13)

Immer wieder lesen wir, etwa vor Wahlen, die Ergebnisse verschiedener Meinungsforschungsinstitute. Vor kurzem war ich einer der „glücklichen" Auserwählten, mich in einem langen Interview einer Vertreterin des Sozialministeriums verschiedensten Fragen zu stellen.
Benützt Jesus auch das Instrument der Umfrage? „Für wen halten mich die Leute?" Da kann man leicht herumrätseln, zumal das Gespräch über andere relativ leicht fällt. Jesus geht aber zielbewusst auf die ihm wesentliche Frage zu: „Ihr aber, meine Jünger, für wen haltet ihr mich?" Für mich heißt das: „Für wen halte ich Jesus?" Es ist fürwahr die Gretchenfrage.

Das ist eine schwierige aber für Beziehungen letztlich unumgängliche Frage, die es im Gespräch immer wieder miteinander zu beantworten gilt, soll es nicht zum Anfang des Endes der Beziehung kommen. Das gilt für jede Freundschaft; das gilt zumal auch für eheliche Beziehungen. Die Frage heißt dann vielleicht: „Wie geht es uns miteinander?" Die Ehepartner selbst sind das wichtigste Gesprächsthema. Angeblich verwenden Ehepaare im Durchschnitt täglich nur 7 bis 8 Minuten Zeit dafür. Das ist für eine gute gelingende Beziehung zu wenig und mit ein Grund, dass viele Beziehungen auseinander brechen. Offenbar gibt sich vieles wichtiger: der Beruf, das Hobby, die Karriere, ...
Petrus macht sich wieder einmal zum Sprecher der Jünger Jesu und sagt offenbar ganz richtig: „Wir halten dich für den Messias Gottes " - Damit ist es jedoch fürwahr nicht abgetan, sondern jetzt beginnt erst dieses ‚ständig neu ins Gespräch Kommen' und ‚in die Schule Jesu Gehen'. Es geht ja nicht um eine Katechismus-Antwort, sondern um eine lebendige Beziehung zu Jesus!

Die Antwort Jesu klingt verblüffend: „Er verbot ihnen streng, es jemand weiterzusagen."
Dafür gibt es wohl einige Gründe:

Wahrscheinlich haben auch einige seiner Jünger falsche Vorstellungen gehabt und schon mit einer Erfolgsstory und mit einem Platz zu seiner Rechten oder Linken gerechnet. Karrieristen gab es damals und heute – auch im Volke Gottes, in der Kirche!

Es ist aber auch zu sagen, dass ein Außenstehender das Geheimnis einer liebevollen Beziehung gar nicht begreifen kann, er braucht es auch nicht zu wissen. Die betroffene Person wird es nicht gleich an die große Glocke hängen, solange da noch ein längerer Prozess ansteht. Denken Sie etwa an Verliebte!

Vor allem aber ist Jesu Verbot, es weiterzusagen, das so genannte ‚Messiasgeheimnis', das wir in den Evangelien oft antreffen, eine Einladung an seine Jünger, zunächst mit dem, was es heißt, Messias zu sein, selbst im Mitgehen mit Jesus vertrauter zu werden und vor allem aber geht es Jesus in diesem Verbot, es weiterzusagen, um ein falsches Messias-Verständnis und dementsprechende falsche Erwartungen zu verhindern.

So sehr unser christlicher Glaube eine politische Dimension hat, geht er nicht darin auf; Jesus ist etwa nicht gekommen, um die Besatzungsmacht der Römer hinauszuwerfen. Jesus möchte vor allem verhindern, sich unter dem Messias einen triumphalistischen Herrscher wie etwa den römischen Kaiser oder einen ‚Führer' wie im Dritten Reich oder sonst einen Demagogen vorzustellen. So sehr zumal die Gefolgschaft Jesu eine höchste soziale Dimension hat, wie sie sich in Caritas und Diakonie zeigt, ist Jesus mehr als ein Sozialutopist oder Sozialrevolutionär.

Messias heißt zu Deutsch der ‚Gesalbte' (griechisch ‚Christos'); es ist der seit Menschengedenken und besonders von den Juden erwartete Priester, König und Prophet, der die Menschen erlöst.

Aber echte Erlösung geschieht weder durch Klassenkampf noch durch Kommando von oben, sondern nur durch eine Wurzelbehandlung (‚sanatio in radice'), eine Heilung vom Innersten her.

Jesus war keineswegs einer, der das Martyrium angestrebt hat, aber wenn einer in einer Welt, in der es Oben und Unten, Arm und Reich, Klassenkämpfe und Kriege gibt, so konsequent wie er die Gewaltlosigkeit aufgrund der Liebe zu Gott und zu den Menschen lebt, provoziert er Spannungen, die schließlich sogar ein tödlicher Konflikt werden und sein eigenes Herzblut kosten. Er bleibt jedoch seiner Liebe treu – bis in den Tod!

Erst nachdem Jesus selbst diese Zerreißprobe der Liebe durchlitten und durchlotet hat und Liebe und Leben den Sieg errungen haben, wie es uns in der Auferstehung Jesu bezeugt ist, also erst nachdem dadurch alle politischen, triumphalistischen und rein innerweltlichen Fehldeutungen seines Messias-Seins ausgeschlossen sind, lässt sich Jesus Messias nennen. Erst jetzt verstehen ihn auch seine Jünger langsam besser.

Einer, der wie selten jemand die Radikalität des Heilswerkes Jesu verstanden hat, ist der Apostel Paulus. Die heutige Stelle aus dem Galaterbrief gehört für mich zu den zentralen Aussagen, die das Wesentliche unseres Glaubens in Kürze umschreiben:

Es ist Jesus Christus, der allen Menschen durch sein Leben die ursprüngliche gleiche Würde als Kinder Gottes neu schenkt. Es gibt deshalb kein Oben und Unten, kein Mehr und Weniger!

Uns Christen wird diese Würde zeichenhaft in der Taufe zugesprochen. In ihr ziehen wir Christus an. Hier gilt in tiefstem Sinn: „Kleider machen Leute": Das Taufkleid macht uns zum aufrechten Menschen - „Gloria Dei vivens homo" (Irenäus von Lyon).

Das letzte Konzil sagt deshalb zu Recht: „Alle Getauften sind gleich an Würde und Tätigkeit" (‚omnes aequales sunt dignitate et activitate'). Wir haben also Abschied genommen von ‚Hochwürden' (vielleicht manchmal nicht von ‚Merkwürden'). Wie gut tut es uns allen, wenn wir am neuen Papst wieder ahnen, dass auch er einer von uns ist, ein Bruder unter gleichrangigen Geschwistern mit seiner besonderen Aufgabe, aber dass die Taufgnade, wie Papst Franziskus sagt, uns allen die erforderlichen Voraussetzungen zur Glaubensverkündigung gibt und dass sie keine ausschließliche Angelegenheit von Amtsträgern und Fachleuten ist.

Beispielhaft nennt Paulus die daraus folgende radikale Konsequenz: „Es gibt nicht mehr Juden und Griechen, nicht Sklaven und Freie, nicht Mann und Frau; denn ihr alle seid ‚einer' in Christus Jesus." Das heißt: In Jesus sind alle rassistischen, sexistischen und sozialen Barrieren und Vorurteile abgeschafft; mit unserem Gott überspringen wir alle diese Mauern, wobei Gott selbst den Sprung als unser Menschenbruder zuerst und für immer getan hat.

Aus der Gabe folgt freilich die Aufgabe. Jesus sagt es auch im Klartext: Wer mein Jünger sein will, der gehe hinter mir her, der folge mir nach, auch dort, wo es mit Spannungen verbunden ist und mancher unserer eigenen Pläne durchkreuzt wird. Die Nachfolge Jesu ist kein Selbstbedienungsladen, sondern sie hat auch Konsequenzen.

Der innerste Kern dieser Welt ist durch Jesus geheilt und ist uns als Heil geschenkt. Nun heißt es für uns Christen und die Kirche als ganze, diesen Glaubenskern immer mehr in äußere Strukturen umzusetzen, damit der Geist Jesu in der Kirche auch Buchstabe wird und sich der Geist auch in den Gesetzen der Kirche widerspiegelt. Das ganze Kirchengesetz soll durchdrungen ist von dessen letztem Paragraphen: „Das Heil der Menschen ist das oberste Gesetz." (CIC 1752) Auch Paulus wusste, dass es dafür Zeit braucht. So schickte er etwa den Sklaven Onesimus zurück zu seinem Herrn Philemon zurück und trug ihm auf, ihn als Bruder in Christus zu behandeln. Dass dies schlussendlich zur Abschaffung der Sklaverei führte, war konsequent.

Müsste nicht etwa auch der Umgang Jesu mit den Frauen und die Worte des Paulus „nicht Mann und Frau" endlich im 21. Jahrhundert nach Christus zu einer echten Konsequenz der Gleichbehandlung von Mann und Frau in Gesellschaft und zumal in der Kirche Jesu Christi führen?!

Ist nicht das Wort „Nicht Jude und Grieche" in unseren Tagen der Migration, der Flüchtlingslager und der noch immer bestehenden Rassendiskriminierung von ganz aktueller Tragweite und ein Gebot der Stunde, in dieser Richtung mehr zu tun?!

Und schließlich gibt es in Hinblick auf das Wort des Paulus „nicht Sklaven und Freie" auch heute noch viele Formen von Unfreiheit und Abhängigkeit, die nicht in sozialer Partnerschaft ausgetragen werden, sondern wo das Mehr des einen (an sozialer Stellung, an Einkommen, an Privilegien) vom Weniger des anderen lebt?!
Es braucht in der Kirche auch Leitungsaufgaben, aber nicht in einer falsch von oben nach unten gerichteten Hierarchie, sondern, wie derselbe Apostel Paulus sagt: „Es gibt verschiedene Dienste, aber nur den einen Herrn. ... Jedem aber wird die Offenbarung des Geistes geschenkt, damit sie anderen nützt" (1 Kor 12, 5.7). Alle unsere Ämter müssen Dienste füreinander sein.
So sehr wir uns alle wünschen, dass die Botschaft von Gott als Barmherzigkeit sich auch in den konkreten Kirchengesetzen niederschlägt, so sehr ist auch jede und jeder einzelne gefragt, wie weit er / sie selbst in der Achtung der gleichen Würde aller sein ihm aufgetragenes Amt als Dienst in seinem Umfeld umsetzt. Amen.

15. Sonntag
Deut 30,10-14; Lk 10,25-37 (11.7.2004)

Mir ist im vergangenen Jahr auf dem Jakobsweg neu die tiefsinnige Bedeutung der Frage „Wie geht es Dir?" zu einer bleibenden Erfahrung geworden. Es ist letztlich nicht nur eine oberflächliche Formel oder leere Floskel, sondern die Frage nach dem Lebensweg und nach dessen Gelingen.
Die ersten Christinnen und Christen werden in der Apostelgeschichte die Menschen des Weges, und zwar ‚des neuen Weges' genannt. Lukas, der Verfasser der Apostelgeschichte, schreibt im größten Teil seines Evangeliums Jesu Leben als Weg, nämlich als Weg nach Jerusalem (9,51 – 19,27). In diesen langen Weg baut Lukas viel von seinem Sondergut ein, also von dem, was die anderen Evangelisten nicht berichten.

An den folgenden drei Sonntagen hören wir in drei Schriftstellen sozusagen einen lukanischen Kurzkatechismus: Da ist heute die uns seit Kindheitstagen vertraute Geschichte vom barmherzigen Samariter, die auf das Lieben abzielt; am nächsten Sonntag hören wir die ebenfalls bekannte Begegnung von Jesus mit Maria und Martha, die die Bedeutung des Hörens hervorhebt; in 14 Tagen wird uns die lukanische Fassung des Vaterunsers mit daran angehängten Gleichnissen verkündet; es mündet in die Bitte um den Geist Gottes.

Lenken wir unser Augenmerk auf das heutige Evangelium.

Ein Gesetzeslehrer, also einer, der sich auf die Bedeutung der jüdischen Lebensweisung versteht, der also weiß, wie man gehen muß, damit das Leben gelingt, will Jesus auf die Probe stellen. Auf die Frage, was man tun muss, damit das Leben gelinge, verweist ihn Jesus auf das Gesetz. Er antwortet mit der berühmten Stelle aus dem jüdischen „Schema, Israel! Höre Israel! Du sollst den Herrn, deinen Gott lieben, mit ganzem Herzen und ganzer Seele, mit all deiner Kraft und mit all deinen Gedanken."

Lieben im Hebräischen heißt eigentlich „um den Hals hängen mit Allem, was Du bist". Herz und Seele - das bin ich mit dem, was mich ausmacht, mit meiner Geschichte, mit meiner Lebenserfahrung, mit meiner ganzen Phantasie, mit meinen ganzen Wünschen und Klagen, mit meiner Wut und Enttäuschung. Ich brauche vor Gott nichts zu verstecken; ich soll vor ihm keine Reservate haben. Alles, was mich ausmacht, das darf und soll ich Gott an den Hals hängen.

Das heißt: „Mute dich, der du bist, Gott zu!" Solche Liebe zu Gott ist geerdet, hat Fleisch und Blut, ist vielleicht sogar der Wirklichkeit näher als uns manchmal lieb ist, denn möchte ich wirklich, daß Gott ganz um mich weiß? - Es ist wohl nicht so sehr die Ehrfurcht vor Gott, die mich daran hindert, als vielmehr die mögliche Herausforderung und Konsequenz, die darin steckt!

Wird nicht Ähnliches auch im unbedingten Ja der ehelichen Liebe mit Gottes Hilfe zu tun versucht - und trauen sich vielleicht deshalb viele junge Menschen – im Doppelsinn des Wortes – nicht mehr, sich endgültig einander an den Hals zu hängen, weil sie die darin angesprochene Herausforderung und Konsequenz scheuen?

Ist der Mensch nicht zwiespältig? Es wohnen offenbar zwei Seelen in seiner Brust, denn zutiefst sehnt sich doch jeder Mensch nach einem Du, dem er sich vorbehaltlos so wie er ist um den Hals hängen kann - in der Gewißheit, mit Licht- und Schattenseiten angenommen zu sein?

So verstehe ich auch die Stelle aus der Lesung des heutigen Tages, daß nämlich dieses Gebot der Gottesliebe nicht fern vom Menschen ist, sondern ganz nah, in des Menschen Mund und in seinem Herzen, also in seiner tiefsten Sehnsucht, wenn sie nicht in kurzsichtiger Vertröstung verschüttet ist. Die ganze Welt ist ja eine Nummer zu klein, um unsere Sehnsucht zu stillen, und auch der liebste Mensch ist ein Versprechen, das er selbst nie ganz einzulösen vermag!

Damit der Lebensweg gelingt, ist also das Erste, daß wir uns so wie wir sind Gott zumuten. Und das zweite und das dritte ist, den Nächsten zu lieben wie sich selbst, also den Nächsten und sich selbst zu lieben. Wer dies tut, sagt Jesus, wird leben. Es geht ihm dabei nicht um das ewige Leben nach dem Tode, sondern um das Leben hier und jetzt, um das gültige und richtige Leben.

Wer aber ist mein Nächster? Für die Gemeinschaft der Qumraner war es nur ein Qumraner, alle anderen sind Ungläubige. Innerhalb des klassischen Judentums hing es von der jeweiligen Gruppierung ab, ob etwa eine Frau oder ein Nichtjude ein Nächster war oder nicht.

Jesus antwortet nicht, sondern erzählt die Geschichte vom Mann, der auf dem Weg von Jerusalem nach Jericho unter die Räuber fiel. Ein Priester und ein Levit, die des Weges kamen und ihn halbtot liegen sahen, gingen vorüber, denn sie dienten dem Tempel und wer Blut berührte, war nach den damaligen Vorschriften unrein und durfte für lange Zeit nicht am Kult teilnehmen. Der Kult geht für sie dem Erbarmen vor!

Um die Provokation zu erahnen, die in der Erzählung vom Barmherzigen Samariter steckt, ist ein Blick auf den Beginn des Weges Jesu nach Jerusalem hilfreich: Jesu

großer Weg (bei Lukas 9,51ff) begann, damit, dass er und seine Jünger in einem samaritischen Dorf nicht aufgenommen wurden, weil er auf dem Weg nach Jerusalem war. Während seine Jünger Feuer vom Himmel herabrufen wollten, um das Dorf zu zerstören, wies er sie zurecht und ging weiter in ein anderes Dorf.
So ein Samariter, der Jesus die Gastfreundschaft verweigert hatte und der als Irrgläubiger für die Juden nie ein Nächster sein konnte, sah den unter die Räuber Gefallenen und erbarmte sich seiner.

Jesus dreht die Sache um: Er sagt nicht, wer der Nächste ist, sondern er fragt, wer sich von den Dreien als Nächster erwiesen hat. Es ist also nicht das Objekt der Nächstenliebe gefragt, sondern das Subjekt der Nächstenliebe! D.h. Ich bin gefragt: Erweise ich mich dem, der in Not ist, als Nächster?
Jesus gibt auch keine theoretische Antwort. Unterwegs stellt sich heraus, was die Antwort ist, aber nicht, wer für mich der Nächste ist, sondern für wen ich der Nächste bin. Wie? Jesu Aufforderung an jede und jeden von uns ist eindeutig: Geh und mach auf deinem Lebensweg die Augen auf, wer darniederliegt und nicht mehr kann.

Es gibt also keine Vordefinition, sondern auf dem Weg stellt sich heraus, wem ich der Nächst bin und wo ich gefragt bin und wie das Leben gelingt. Also auf dem Wege, sollen wir lernen: „Barmherzigkeit will ich, nicht Opfer." (Mt 9,13)
Auch der Samariter muss seinen Weg weitergehen und er bittet einen anderen das zu tun, was er nicht tun kann. Ich darf nicht einfach vorübergehen; da gibt es keine genügende Ausrede, nicht einmal die des Gottesdienstes, ich brauche und soll aber auch nicht im Helfersyndrom versinken; nach Maßgabe meiner Kräfte soll ich helfen, denn „was ihr dem Geringsten meiner Brüder und Schwestern getan habt, das habt ihr mir getan" (Mt 25,,40).
Der Samariter hat einem geholfen, dessen Namen er nicht kannte, dem er nicht mehr begegnete, der ihm also nicht einmal Danke sagen konnte. Diese anonyme mittelbare Hilfe ohne Ansehen der Person ist nicht weniger, sondern sogar mehr wert ist als die unmittelbare von einer Hand in die andere, weil ich auf das

persönliche Danke verzichte und weil die meiste Not in unserem Land aus Scham und Angst eher anonym ist und bleibt.

Als ein wesentlicher Teil der Kirche ist es die Caritas, die die in Sammlungen gegebene mittelbare Hilfe den Betroffenen weitergibt. Ich danke deshalb allen, die bei der heurigen Caritas-Haussammung wieder tatkräftig beim Sammeln oder durch ihre Spenden zu einem erfreulichen pfarrlichen Ergebnis beigetragen haben. Denen, die weder die Türe noch das Herz noch die Geldtasche aufgemacht haben, wünsche ich, daß sie nie in die Lage derer kommen, die aus oft schwierigen Familienverhältnissen oder durch Schicksalsschläge zumindest gesellschaftlich halbtot sind und dringend derer bedürfen, die ohne nach dem Namen zu fragen helfen.

Wenn Jesus einen verachteten und irrgläubigen Samariter als Vorbild hinstellt, so mögen wir uns alle hüten, über andere Menschen (die Ausländer, Asylanten, Sandler, Roma und Sinti) zu urteilen und sie abzutun, denn vielleicht sind es in den Augen Jesu gerade oft Menschen, die als Feindbilder gelten, die uns Wesentliches voraus haben und von denen wir, die Rechtgläubigen, Priester und Leviten, Kirchgänger und Gläubige, noch lernen könnten. Amen.

15.Sonntag

Dtn 30,10-14; Lk 10,25-37 (14.7.13)

„Meister, was muss ich tun, um das ewige Leben zu gewinnen?" Diese etwas fromm klingende Frage ist die Frage nach dem richtigen Weg des Lebens, nach dem Sinn des Lebens, nach einem geglückten Leben. Es drückt sich darin die Sehnsucht des Menschen nach Orientierung aus, aber zugleich auch die Schwierigkeit, sie zu finden.

Jesus verweist auf das dreifache Gebot der Liebe als Richtschnur für gelingendes Leben, denn Leben ist wesentlich Beziehung. Das heißt: Mein Leben kann nur gelingen, wenn ich zugleich Sorge trage, dass das Leben der anderen, also auch das meines Nächsten gelingt. Anders gesagt: In die Fülle des Lebens, in den Himmel, kann ich nie allein kommen, sondern nur gemeinsam mit meinem Nächsten.

Auf das Wort Jesu, den Nächsten zu lieben wie sich selbst, stellt der Gesetzeslehrer die entscheidende Frage: „Wer ist mein Nächster?" Jesus gibt keine theoretische Antwort, sondern das sehr praktische Beispiel von dem Mann, der auf dem Weg von Jerusalem nach Jericho von Räubern überfallen und von einem Mann aus Samarien verbunden und versorgt wird, während ein Priester und Levit, also zwei Gottesmänner, ihn zwar sehen, aber vorübergehen. Dabei muss man wissen, dass die Samariter eine Abspaltung von den Juden um 500 vor Christus sind und nicht geachtet wurden, denn sie waren angeblich nicht rechtgläubig; sie waren Außenseiter.

Der Titel der 15.Ökumenischen Sommerakademie in Kremsmünster in diesen Tagen war aus diesem Evangelium genommen: „Wer ist mein Nächster?" Im Untertitel „Das Soziale in der Ego-Gesellschaft" steckt die Vermutung, dass diese immer schon schwer nachvollziehbare Handlungsanleitung heute noch schwieriger geworden ist, weil das eigene Ego auf die zwischenmenschliche Dimension immer mehr zu vergessen scheint.

Ein Vortragender wies auf die Tendenz hin, dass es heute sogar immer mehr von einer „face to face Begegnung" (,facebook' ist ja nur noch am Rande eine wirkliche Begegnung) zu einer „face to screeen" Begegnung wird, also zu einer Begegnung zwischen mir und einer digitalen Oberfläche, ob im Internet oder am I-Phone. Die von personaler Begegnung geprägten Gemeinschaftsformen lösen sich immer mehr auf oder werden zumindest stark relativiert, etwa religiöse Gemeinschaften, Nachbarschaftsbeziehungen, verwandtschaftliche Bindungen, herkömmliche Ehen. Durch vielfachen Abbau und Verlust solcher traditioneller und bisher identitätsstiftender Verbindungen geht auch die Orientierung ständig mehr verloren und zugleich freilich wächst die Sehnsucht nach eben solcher Orientierung immer mehr.

Der Mensch steht in der Spannung zwischen zwei Polen, dem Pol des Nicht-allein-sein-wollen (denn es ist nicht gut, dass der Mensch allein sei, wie es schon im ersten Buch der Bibel heißt) und dem Pol der Sehnsucht nach immer größerer Freiheit (wie auch der Apostel Paulus sagt, dass wir zur Freiheit in Christus befreit sind). Hildegard Knef hat dies in ihrem Lied der 50-er Jahre „Für mich soll's rote Rosen regnen" in die Worte gekleidet: „Ich möchte nicht allein sein und doch frei sein".

Es hat sich in diesen Jahrzehnten etwas sehr geändert, sagen uns die Soziologen; wir können es auch nachfühlen. Heute sind die Akzente verschoben und es heißt: „Ich möchte frei sein und doch nicht allein". An erster Stelle stehen jetzt das Individuum und seine Freiheit; der Einzelne sucht Anschluss, also den anderen, jedoch nur insofern der andere für ihn komplementär ist, also in seine Welt hineinpasst. So entstehen die verschiedenen Szenen, vor allem in der Jugendszene.

Immer mehr binden sich deshalb Menschen freiwillig und nur für die sie passende Zeit, also unverbindlich, an solche von Eigeninteressen geprägten Gemeinschaftsformen – und man verlässt sie wieder, wenn etwas gegen die eigenen Interessen verlangt wird.

Wir kennen solche Gemeinschaftsformen, die etwa an verschiedensten Mode-Marken, Sport-, Musik- oder Techno-Szenen mit dem jeweils szenenspezifischen Outfit gebunden sind. Aufgrund der gemeinsamen Interessen entsteht auch ein Wir-Gefühl, aber es bleibt unverbindlich.

Die Sommerakademie in Kremsmünster hat in zahlreichen Vorträgen diese Spannung zwischen dem Ego und dem Sozialen und den Wandel in der Gesellschaft, der sich natürlich auch auf die Kirche auswirkt, thematisiert.

Es bleibt die Frage im heutigen Evangelium: „Wer ist mein Nächster?" Hat der Samariter an dem unter die Räuber Gefallenen nur aus diesem postmodernen Wir-Gefühl gehandelt? Hätte das genügt? Nein, sicherlich nicht. Denn der einzige Maßstab und die einzige Motivation des barmherzigen Samariters war die Not des anderen, nicht das eigene Interesse, oder wie es der Theologe Johann Baptist Metz in Anspielung an das heutige Evangelium sagt: Was der barmherzige Samariter tut, ist „die Verletzung vorgefasster eigener Interessen durch das Unglück der anderen". Das heißt: er handelt aus Liebe zum anderen ohne Rücksicht auf seine Eigeninteressen.

„Wer ist der Nächste?" Das ist mein Nachbar, der jetzt in der Kirche neben mir sitzt. Wenn ich bei der Aufforderung zum Friedensgruß nur zu meinen Freunden in der Kirche ginge, um ihnen den Friedensgruß zu geben, statt es mit meinem mir vielleicht unbekannten oder gar unsympathischen Nachbarn zu tun, so wäre das ein Handeln im Eigeninteresse, zu dessen Erfüllung ich allerdings auch andere brauche.

Handeln wie der Samariter heißt, dem zu helfen, wer immer es ist, der mir jetzt nahe ist, ohne dass ich das liebevolle Danke eines Freundes zurückerhalte, sei es in der Nachbarschaft, im Straßenverkehr oder in Schicksalsschlägen. Etwas davon haben wir beeindruckend bei der letzten Hochwasserüberschwemmung erlebt.

Wenn der Friedensgruß kein leeres Ritual ist, dann ist er die Einladung, auch am Kirchenplatz auf andere mir nicht so bekannte oder vielleicht weniger sympathische Personen zuzugehen, und dies auch im familiären und beruflichen Alltag zu tun.

Das heißt, nicht nur dort hilfreich zu sein, wo mir ein Mensch der Nähe - ein Freund, ein Kind oder ein Nachbar - ein dankbares Wort dafür zurückgibt, sondern auch dort zu helfen, wo ich nur einen anonymen Zahlschein für arme Menschen oder Straßenkinder irgendwo auf der Welt ausfülle.

Auch der barmherzige Samariter hat dem unter die Räuber Gefallenen unabhängig von einem dankbaren Wort geholfen. Das meint Jesus, wenn er sagt: „Wenn ihr nur die liebt, die euch lieben, welchen Lohn könnt ihr dafür erwarten? Tun das nicht auch die Zöllner? Und wenn ihr nur eure Brüder grüßt, was tut ihr damit Besonderes? Tun das nicht auch die Heiden? (Mt 5, 46f)

In der christlichen Sicht der Dinge geht es um mehr als um ein Höchstmaß an eigener Freiheit und ein Zusammensein mit Menschen soweit sie so sind wie ich und mir zu Gesicht stehen.

Bei aller Wertschätzung der Hilfe bei Freunden, christliche Caritas ist es eigentlich erst dort gegeben, wo ich selbstlos in der Nähe und in der Ferne helfe, etwa auch gerade dann, wenn ich für eine Institution der Caritas spende, etwa bei der Caritas-Haussammlung für die Armen des Inlandes oder im August für jene in aller Welt oder am kommenden Sonntag bei der Christophorusspende für mir unbekannte Entwicklungshelfer und Missionare.

Wer ist mein Nächster? Es ist Ihnen wohl aufgefallen, dass es eigentlich nicht der unter die Räuber Gefallene ist, sondern nach Jesus ist es der helfende Samariter. Für die Armen sind wir die Nächsten – und alle sind wir der Liebe bedürftig!

Ich darf für die Antwort auf die Frage „Wer ist mein Nächster?" das beeindruckende Beispiel unseres Papstes Franziskus am letzten Montag durch seinen Besuch auf der Insel Lampedusa bringen; er wurde in diesem Zeichen christlicher Barmherzigkeit wirklich zum Nächsten all jener, die dort der Hilfe bedürfen. Es war ein bewegendes Gedenken an die 20.000 Flüchtlinge in den letzten 30 Jahren, auch an die Toten, die allein im Jahre 2011 2.352 waren. Papst Franziskus sprach von Kain, der nach seinem Bruder gefragt wurde und der sagte, dass er nicht seines Bruders Hüter sei, obwohl dessen Blut an seinen Händen war. Er warnte vor der „Globalisierung der Gleichgültigkeit", die „alle zu anonymen Verantwortlichen ohne Namen und Gesicht" mache, denn unter dem Deckmantel der Anonymität versuche jeder die Verantwortung von sich zu weisen. Als Quelle dieser Gleichgültigkeit nannte der Papst unseren Wohlstand, der dazu führe, „dass wir nur an uns selbst denken, er macht uns gefühllos dem Aufschrei der Anderen gegenüber".

Der Papst lobte zugleich die Bürger der Insel als „Vorbild der Solidarität". Er bedankte sich bei ihnen „für die Zärtlichkeit, für den Mut, jene aufzunehmen, die nichts anderes wollen, als ein bisschen besser zu leben".

Ich sehe darin eine Aufforderung an Gesellschaft und Politik mehr in dieser Richtung zu tun, aber auch eine Einladung an uns, als Christen das Soziale mehr in die wachsende Ego-Gesellschaft einzubringen. Mögen auch wir in unseren Möglichkeiten in der Nähe und in der Ferne diesen Mut und diese Zärtlichkeit aufbringen, damit auch wir, wie Franziskus sagte, in unserem Umfeld „ein Leuchtturm für die Welt" sind und immer mehr werden! Amen.

18. Sonntag
Koh 1,2; 2,21-23; Lk 12,13-21 (4.8.13)

„Windhauch, Windhauch, sagt Kohelet; ... das ist alles Windhauch!" Spricht hier in diesem Weisheitsbuch des Alten Testaments einer, der mitten in einer depressiven Phase ist und kein Licht mehr am Ende des Tunnels sieht? Oder ist es doch ein Realist, der sich durch nichts täuschen lässt?

Dieses Buch, verfasst von Kohelet – oder Prediger, wie er auch genannt wird - entstand im 3. vorchristlichen Jahrhundert. Mag sein, dass die Apathie der griechischen stoischen Philosophie ihn beeinflusst hat, aber es bleibt die zentrale Aussage seiner Lebenserfahrung: Er hat auf der Suche nach dem Sinn des Lebens weder in der Weisheit noch im materiellen Besitz noch in den Freuden der Welt Erfüllung und Frieden gefunden, denn alles ist vergänglich.

Was bleibt, ist der Aufruf, den gegebenen Augenblick zu genießen; so sagt er: „Also iss freudig dein Brot und trink vergnügt deinen Wein" (9,7). Im Übrigen aber gilt, was Ingeborg Bachmann in die Worte kleidet: „Alles ist zu wenig".

Hat Kohelet, ohne Trübsal zu blasen, nicht doch recht? Wir haben in diesen Tagen durch die Medien erfahren, wie schnell das Leben durch ein Bus-, Bahn- oder Flugzeugunglück enden kann. Kein Besitz hat sie davor gerettet. Ich stand in dieser Woche fünfmal am Grabe eines Menschen und habe unsere eigene Vergänglichkeit unmittelbar verspürt.

Aber auch Lebende sprechen diese Vergänglichkeit an, wenn mir etwa ein noch im Beruf stehender höchst erfolgreicher Mann erzählt, sich vor der Pension zu fürchten, denn was bleibt von all seinem Ruhm und seinem Besitz und was macht dann noch Sinn? Oder wenn eine Frau beim Geburtstagsbesuch sagt, dass sie darunter leide, jetzt keine Freunde zu haben, weil sie ihre Zeit ganz für ihr gutes Geschäft aufgebraucht habe. Beziehungspflege jedoch braucht Zeit!

Das Wichtigste im Leben kann man auch mit viel Geld nicht kaufen, etwa Gesundheit, echte Freundschaft oder göttliche Gnade. Auch ‚käufliche Liebe' ist ein Widerspruch in sich selbst!

Windhauch, alles ist Windhauch! Ist das wirklich alles?

In dieser Woche feierten wir das Fest des hl. Ignatius, des Gründers des Jesuitenordens. Eines der zentralen Worte seiner Spiritualität heißt „Magis", zu deutsch „Mehr", aber nicht Mehr an quantitativem Haben, wie es der Turbokapitalismus verlangt, sondern an etwas, was alles Irdische transzendiert, also übersteigt.

Selbst Kohelet scheint zu spüren, dass der Mensch eine Ahnung des Ewigen im Herzen trägt, wenn er am Ende des berühmten Kapitels über „Alles hat seine Stunde" (Kap 3) sagt:

„Gott hat alles zu seiner Zeit auf vollkommene Weise getan. Überdies hat er die Ewigkeit in alles hineingelegt." (3,11) Es ist dies die vom hl. Augustinus angesprochene heilige Unruhe, die nur bei Gott zur Ruhe kommt.

Freilich täuschen die irdischen Güter vor, den inneren letztlich unendlichen Hunger und Durst des Menschen zu stillen und ihm dadurch Ruhe zu verschaffen. Wer aber glaubt wirklich, dass der Mensch zu mehr Ruhe findet, wenn er Mauern um seinen Besitz aufbaut, aus Angst bestohlen zu werden, oder wenn er stündlich bangt, ob seine Aktien steigen oder fallen, oder wenn er im Räderwerk der ständigen Maximierung des Profits kaum ein Auge zuzumachen wagt?

Eine besonders große Verführungskunst entwickelt der Reichtum, von dem im Evangelium die Rede ist. Jesus verurteilt nicht den Reichtum an sich, aber er warnt vor der großen Gefahr, dass sich der Besitzende seiner sozialen Verantwortung gegenüber den anderen nicht bewusst bleibt, Das ist überall dort, wo der Mensch die Geister, die er rief, nicht mehr los wird, und wo sie über ihn Macht ergreifen: „Hast du was, bist du was; hast du mehr, bist du wer!"
Wer heute besitzt, ist morgen vielleicht von seinem Besitz schon „besessen". Der Besitz tritt an die Stelle Gottes, denn das, woran mein Herz hängt, ist mein Götze (Martin Luther).

Die evangelische Theologin Dorothee Sölle kommt angesichts dessen zu einer fast ähnlich ernüchternden oder pessimistischen Sicht wie Kohelet. Sie sagt in ihrer Diagnose:
„Heute ist jeder Hunger nach Gott eigentlich weg. Man ist so überfressen mit allem möglichen Zeug, dass der Gotteshunger gar nicht mehr auftaucht. Ob das denkbar ist, dass das Religiöse völlig verschwindet? Oder haben wir eben nicht richtig hingeguckt, und die Gottesfrage steckt doch noch irgendwo – wo wie Berdjajew einmal gesagt hat: ´Der Mensch ist unheilbar religiös´? ... Ich bin überzeugt, dass dies ganz richtig ist. Wir sind so verwundet, dass wir ohne Religion eigentlich nicht leben können. Mir wird es auch in der Gegenwart immer klarer. Das Wissen und die rationale Erkenntnis führen in einen tiefen Pessimismus, in eine Hoffnungslosigkeit. Und um hoffen zu können, braucht man mehr: Man braucht tatsächlich eine Suche nach Veränderung, nach Gott." (so weit Dorothee Sölle)
Die hier angesprochene christliche Hoffnung, die nicht als letzte, sondern die nie stirbt, darf freilich keine bloße Vertröstung auf das Jenseits sein, sondern sie darf „nie ohne Konsequenzen und ohne gestaltende Kraft für das Hier und Jetzt" bleiben. Papst Franziskus hat dies beim Weltjugendtag in Brasilien ganz stark betont.
Die christliche Hoffnung schenkt allerdings auch das Vertrauen, „dass all das Gute, all das Leben und Lieben nicht in eine letzte Vergeblichkeit versinkt. Weil wir das

Leben vor dem Tod lieben, hoffen wir auf ein Leben nach dem Tod, denn Liebe zum Leben ist unteilbar" (Bischof Manfred Scheuer).

Liebe Mitchristinnen und Mitchristen! Wenn bereits Kohelet ahnt, dass Gott die Ewigkeit in alles hineingelegt hat, so dürfen wir hier und jetzt im Gedächtnis des Todes und der Auferstehung Christi feiern, dass unser Leben in einer unzerstörbaren Macht der Liebe geborgen ist.

Uns allen, zumal jenen, die im Leben zu kurz gekommen sind und die die in ihnen angelegten Möglichkeiten nicht entfalten können, schenkt unsere christliche Hoffnung „Kraft zum Weitermachen, zum Aushalten und Durchhalten" (Manfred Scheuer). So ist jeder eingeladen, durch sein Handeln in seinem Umfeld die Welt ein wenig heller und menschlicher zu machen.

Wer möchte, kann als literarischen Kommentar zum heutigen Evangelium die bekannte „Anekdote zur Senkung der Arbeitsmoral" von Heinrich Böll zitieren: Sie handelt von dem armen Fischer, der in seinem Boot liegt und döst. Angeregt von einem eifrigen europäischen Touristen, doch bei dem günstigen Wetter mehr zu fangen, um Vorräte zu haben und Geschäfte zu beginnen und schließlich eine Firma zu gründen und so viel Geld und Besitz zu haben, fragt der Fischer: „Was dann?" „Dann", sagt der Fremde mit stiller Begeisterung, „dann könnten Sie beruhigt hier im Hafen sitzen, in der Sonne dösen – und auf das herrliche Meer blicken." „Aber das tu ich ja jetzt schon", sagt der Fischer, „ich sitze beruhigt im Hafen und döse, nur ihr Klicken hat mich dabei gestört." - Da zog der Tourist nachdenklich und fast etwas neidig von dannen.

Ich wünsche uns allen zumal jetzt im Sommer die Leichtigkeit dieses Fischers, der mangels Reichtum richtig entlastet ist und total erleichtert das Leben voll genießt. Ich mache mich in den nächsten drei Wochen wieder auf Pilgerschaft von Salzburg nach Einsiedeln, um selbst die Entlastung zu verspüren, wie wenig man wirklich zum Leben braucht und es doch oder gerade dann erst richtig genießen kann: Alles für das Leben Notwendige hat in einem Rucksack Platz. Amen.

19. Sonntag

Hebr 11,1-2. 8-19; Lk 12,32-40 (12.8. 2001)

In diesen Tagen war in den Zeitungen zu lesen, dass sich die Zahl der Katholiken weltweit wieder vermehrt habe, wohl auch der Christen insgesamt. Hand aufs Herz: in unseren Breitengraden zumindest haben wir nicht das Gefühl, sondern wir erleben vielfach einen Rückgang der kirchlichen Praxis, angefangen vom Gottesdienstbesuch über den rückläufigen Empfang mancher Sakramente, die stark abnehmende Zahl von Priester- und Ordensberufen und den geringer werdenden Einfluss der Kirche im öffentlichen Leben bis hin zu der steigenden Zahl der Kirchenaustritte.

Kirchenferne und Kirchenfremdheit nehmen jedenfalls zu - ein Szenario, das nicht unbedingt recht zuversichtlich in die Zukunft schauen lässt. Genau in diese Situation hinein spricht Jesus das Wort des heutigen Evangeliums: „Fürchte dich nicht, du kleine Herde!" - ein Wort, über das ich nachdenken möchte.

Zunächst einmal: es stimmt - die Kirche steht heute vielfach im Gegenwind. Es ist eine Tatsache, dass sich immer mehr Menschen in ihrem religiösen Suchen nicht mehr der Kirche, sondern anderen Gruppen zuwenden. Das ist Teil einer veränderten gesellschaftlichen Situation, die es wahrzunehmen und auch anzunehmen gilt. Ich kann hier nur ein paar Streiflichter der allgemeinen Situation aufzeigen.

Das ganze Leben wird immer mehr in voneinander unabhängige Teilbereiche aufgespalten und der einzelne soll zwischen diesen möglichst mobil und flexibel bleiben. Es wird dadurch immer schwieriger, einen übergreifenden Sinnzusammenhang überhaupt noch anzunehmen, geschweige denn zu erkennen. Bloße Tradition gilt nicht mehr viel; der einzelne nimmt sein Leben selbst in die Hand - selbst mit der Gefahr, dass ihm die so beanspruchte Selbststeuerung seines Lebens auch zur Last wird.

Die kulturelle Vielfalt und die Globalisierung bringen jeden in Kontakt mit vielen Weltdeutungen, die sich auch als Alternative zur christlichen Religion anbieten. Auch Glaube und Religion werden vielfach danach bewertet, ob sie Erlebniswert haben. Man sucht sich wie an einem Supermarkt das aus, was einem ‚taugt', ein bisschen Christentum, etwas fernöstliche Mystik, Indianerweisheiten, ein Prise Hinduismus und ein Ritus der Aborigenes; das ganze wird zu einer individuellen Mischung, eine ‚Patchwork'-Religion, wie auch das Leben vieler Zeitgenossen patchworkartig zusammengeflickt ist.

Gewisse Einzelleistungen des kirchlichen Angebotes werden auch heute noch gern in Anspruch genommen, z.B. die Riten zu den Lebenswenden - Taufe, Hochzeit und Beerdigung - erfreuen sich nachwievor großer Nachfrage, auch wenn sich 20-30% zugleich esoterischer Praktiken bedienen. Manch anderes von der Kirche, vor allem ihre rituellen und caritativen Dienstleistungen sind durchaus von vielen geschätzt und angenommen.

Insgesamt gilt aber: Die Kirchlichkeit geht jedenfalls in unseren Breitengraden sehr zurück. Jede und jeder bestimmt seine eigene Kirchennähe und Kirchendistanz; es gibt immer mehr religiöse Passanten, die hin und wieder bei uns hereinschauen. Wir werden zu einer Minderheit.

Da mitten hinein gilt Jesu Wort: „Fürchte dich nicht, du kleine Herde!" - ein Wort von höchster Aktualität, denn offenbar weiß Jesus um die Reaktionen von Minderheiten und hat es wohl selbst erlebt, sei es im Umgang mit den Sekten der Qumraner und Essener, die sich aus der Welt zurückgezogen und abgeschottet haben, sei es aus der Reaktion der Zeloten und Eiferer, die Gottes Herrschaft gegen politische Machthaber mit Gewalt herbeiführen wollten.

Das sind zwei Reaktionen, die bis heute bei Minderheiten auftreten und die beide nicht im Sinne Jesu sind, denn von Angst bedingter persönlicher Rückzug oder kriegerischer Feldzug können nicht die Devise dessen sein, der eine Frohbotschaft bringt und dem Leben dienen will.

Die eine Reaktion ist die eher resignative Haltung der Abschottung von der bösen Welt, das Haftenbleiben an der guten Vergangenheit und das Warten auf die Erscheinung des Herrn, während man selbst die Hände eher untätig in den Schoss legt. Ich denke etwa an die sogenannten ‚Amischen' in den USA.

Häufiger jedoch empfindet sich eine Minderheit bedroht und wehrt sich gegen echte oder eingebildete Gegner. Minderheiten werden so oft zu Keimzellen von Fundamentalismus und Extremismus, denn Gott lässt sich hier besonders gut missbrauchen, um seine eigenen Aggressionen gleichsam abzusegnen. Die täglichen Nachrichten liefern uns dafür genügend trauriges Anschauungsmaterial, etwa in Nordirland, in Mazedonien oder in einem immer mehr eskalierenden schrecklichen Ausmaß im Heiligen Land.

Nicht selten kommt es aber auch bei christlichen Sekten oder sektiererischen Gruppen über die persönliche oft von Angst motivierte Missionstätigkeit hinaus auch zu militanten Gruppenreaktionen. Es muss nicht immer so extrem sein wie bei den Thaliban in Zentralasien, aber überall wo Minderheiten mobil machen, besonders wenn sie Gott noch dafür missbrauchen, entsteht ein hochexplosives Konfliktpotential.

Auch wir Christen sind in den 2000 Jahren unserer Glaubensgeschichte oft der Versuchung der religiös begründeten Gewalt verfallen (wer denkt nicht an die Kreuzzüge oder die Inquisition?) und haben damit das Evangelium verraten.

Angesichts der Tatsache, dass wir immer mehr eine Minderheit werden, ist es Gebot der Stunde, uns dieser Versuchung bewusst zu sein und den Anfängen zu wehren - eingedenk der Worte Jesu „Fürchte dich nicht, du kleine Herde! Denn euer Vater hat beschlossen, euch das Reich zu geben". Vor allem aber sollte es uns gelingen, in der Krise zugleich die Chance zu sehen und zu ergreifen, als Nachfolgegemeinschaft Jesu, als Kirche dem Evangelium besser zu entsprechen. Was meine ich damit?

In den ersten Jahrhunderten hatten Christen wohl auch das Gefühl, in der Welt eine Minderheit zu sein. Durch die Bekehrung des Kaisers Konstantin zum

Christentum kam nicht nur die ersehnte Freiheit, sondern mit ihm wurde auch der ganze Staatsapparat christlich. Ohne Taufe gab es keine Anstellung im öffentlichen Leben, keine Karriere. Allzu oft waren Kirche und Politik zu eng miteinander verbunden.

Wenn heute diese Verbindung von Altar und Thron und überhaupt der volkskirchliche Charakter aus unserem europäischen Gesichtsfeld immer mehr verschwinden, ist es nicht auch die Chance, als Glaubensgemeinschaft wieder mehr „Salz der Erde" und „Licht auf dem Berg" zu sein? Gewinnen wir nicht wieder ein Stück der in Christus geschenkten Freiheit und Eigenverantwortung zurück? Lernen wir im Abgeben eigener Macht und Privilegien nicht wieder, mehr an Gottes Macht zu glauben, so wie es Abraham und Sara getan haben? Sie werden in der Lesung als Vater und Mutter des Glaubens gerühmt, weil sie sich nicht selbst abgesichert haben, sondern im Vertrauen auf Gott und seine Verheißung ihren Weg des Glaubens gegangen sind und sich darauf verlassen haben, dass Gott sogar die Macht hat, Tote zum Leben zu erwecken.

Wenn wir die Absicherungen und irdischen Schätze abgeben oder sie uns genommen werden, ist es nicht die Chance, Schätze im Himmel zu erwerben? Wird Kirche nicht glaubwürdiger, wenn es ihr nicht um weltliche Macht und um politischen Einfluss geht, sondern all unser Einsatz auf Erden letztlich getragen ist von der Erwartung des Herrn, der diese Schöpfung zur Vollendung führen und damit unser aller Sehnsucht erfüllen wird?

Andeutungsweise möchte ich noch sagen, was dieses „Fürchte dich nicht, du kleine Herde" für die Kirche von heute unter anderem bedeutet: Wo traditionelle Bindungen nicht mehr tragen, ist umso mehr die Entscheidung und Verantwortung des einzelnen gefordert und geschätzt.

Nicht die Sorge um den Selbsterhalt der Kirche darf im Vordergrund stehen, sondern jene um das Reich Gottes. Das heißt: wir sollen helfen, dass Menschen etwas vom geschenkten Heil Gottes erfahren. Reich Gottes ist schon unter uns überall dort, wo die Menschenwürde geachtet, wo Gutes getan wird, so dass

Menschen versöhnt werden, und wo des Menschen Sehnsucht nach Heil unterstützt wird.

Auf der Grundlage von Gleichwertigkeit und Würde sind alle Menschen eingeladen, für das Leben zu sorgen. Es wäre ein schönes Zeugnis christlicher Gemeinden, biblische Gastfreundschaft zu pflegen - in dem Sinne, wie es Rainer Kunze über ein Pfarrhaus sagt: „Wer da bedrängt ist, findet Mauern und ein Dach und muss nicht beten".

Auch in Zukunft wird von uns Christen gefragt sein, was zu unserem Gütesiegel gehört: die Caritas und Diakonie, also die Sorge um alle Bedrängten und Not leidenden; so auch heute, wenn wir im Rahmen der Caritas-August-Sammlung um unsere Spende für die Not leidenden der Dritten Welt gebeten sind.

Eine Kirche, die nicht dient, dient zu nichts. Einer dienenden Kirche, die Räume der Solidarität schafft und Menschen an den bedeutenden Lebenswenden und Lebenskrisen begleitet, wird auch in Zukunft gefragt sein. Eine solche Kirche und eine solche Pfarre braucht fürwahr keine Angst haben, bloß den Untergang zu verwalten; sie wird vielmehr den Übergang zu einer Kirche gestalten, die mehr dem Auftrage unseres Gründers und Hauptes Jesus Christus entspricht. Einer solchen Kirche braucht nicht bange zu sein. Ihr gilt auch heute das Wort Jesu: „Fürchte dich nicht, du kleine Herde! Denn euer Vater hat beschlossen, euch das Reich zu geben". Amen.

22. Sonntag

Jesus Sirach 3,17-18.20.28-29; Lk 14,1.76-14 (29.8.2004)

So klar, wie das heutige Evangelium zu sein scheint, ist es jedenfalls für mich nicht. Es fordert zur Auseinandersetzung heraus. Ich versuche zunächst einmal das auszuschließen, was Jesus nicht gemeint haben kann:

Was wie eine Anstandsregel klingt oder wie eine Anweisung, damit man sich nicht blamiert, ist sicherlich nicht eine bloße Benimmregel, die man in jedem Buch über richtiges Benehmen finden kann. So ausgelegt könnte es sogar eine raffinierte Masche sein, um nach oben gebeten zu werden, also erst recht eine berechnende Art!

Es ist auch nicht eine Einladung Jesu, zuerst nach Möglichkeit die letzten Plätze in der Kirche aufzufüllen (wie es leider oft geschieht). Dies wäre ein Missverständnis, wie es sicher nicht im Sinne Jesu ist, der uns zu einem Gespräch und zu einem Mahl mit ihm und untereinander einlädt und nichts auf einer Bühne weit weg inszenieren will.

Es ist auch nicht die Aufforderung zu einer falscher Bescheidenheit, die früher gelegentlich in einer sogenannten christlichen Erziehung vermittelt wurde und die das Selbstvertrauen eher untergraben als gefördert hat. Nicht selten wird solch ein Mangel an Selbstwertgefühl in einem umso größeren Leistungsanspruch an sich selbst oder gar in einem Helfersyndrom wettgemacht. Irgendwie kennen wir das alle, wo wir nicht Nein sagen können, weil wir die Anerkennung des anderen brauchen und Angst vor Liebesentzug haben.

Jesus meint schließlich auch nicht ein falsches Sicht-Nicht-Wichtig-Machen, weil man ja nicht auffallen will und lieber im allgemeinen Fahrwasser mitschwimmt als zu einer Überzeugung auch öffentlich zu stehen, seine Begabung und auch Verantwortung wahrzunehmen und in die Tat umzusetzen, etwa zum Aufbau einer lebendigen Gemeinde.

Auch kann nicht gemeint sein, dass die in den hinteren Reihen jene, die aufgrund ihrer Aufgabe vorne stehen, als Wichtigtuer kritisieren.

Was aber ist dann von Jesus im heutigen Evangelium gemeint?

Das Gastmahl, zumal ein Hochzeitsmahl ist in der Heiligen Schrift immer wieder ein Bild für die Gesellschaft und deren Gesetze. Im Verhalten der geladenen Gäste sieht Jesus ein Abbild der Gesetzlichkeiten in unserer Welt, einen Spiegel dessen, was unseren Alltag prägt. Das ist ohne Zweifel ein Kampf um die Rangordnung, um die Verteilung der Plätze oben und unten.

Eine offene Gesellschaft ermöglicht es zwar rein theoretisch allen nach oben zu kommen. Doch wir wissen, wie wirklichkeitsfern diese Theorie ist und dass die Startplätze ins Leben für viele von Anfang alles andere als eine Poleposition sind. Viele können aufgrund ihrer Ausgangslage nicht einmal von einem olympischen „Dabei sein ist alles" träumen, von einem Siegespodest ganz zu schweigen. Ein hartes Gesetz gibt den Ton an: Wachse oder weiche! Strebe nach oben oder du fällst zurück! Meist ist es doch so, dass das Mehr des einen vom Weniger des anderen lebt.

Sind wir ehrlich: Jede und jeder – auch von uns – versucht, es sich so gut wie möglich einzurichten. Wer immer sich verbessern kann, wird es tun.

König sticht Bube. So ist das Leben aufgebaut. Das Spiel ist immer das gleiche, oder sagen wir lieber: der Kampf ist immer derselbe. Immer schon haben zugleich Menschen die Ungerechtigkeit dieses Kampfes verspürt und erlitten. Sie haben versucht, den Traum von der Freiheit und Gleichheit aller Menschen, von der Abschaffung aller Klassenunterschiede, von der Gleichheit zwischen Arm und Reich, zwischen Mann und Frau, zwischen Sklaven und Herren in großen Gesellschaftsentwürfen in die Tat umzusetzen – und sie sind alle gescheitert.

Ist das alles, was zu sagen ist? Der Blick auf die Menschheitsgeschichte, wie sie etwa der Ethnologe René Girard aufzeigt, legt diese ernüchternde und enttäuschende Erkenntnis nahe, denn ständig schickten Menschen andere als Sündenböcke in die Wüste, ins Out, um selbst mit weißer Weste, also vorne an den ersten Plätzen dazustehen.

Wenn das die ganze Wirklichkeit ist, dann haben wirklich am Ende allein die Sieger und die Namen derer, die Kriege angefangen und Hunderttausende zu namenlosen Opfern machten, das letzte Wort zu sagen und niemand zieht sie zur Rechenschaft. Dann wäre ihre Logik bestätigt für immer und keinem könnte man es verübeln, wenn er daraus folgert: Das Leben ist nun einmal hart und ungerecht. Drum schaue, dass du es Dir beizeiten richtest, koste es was es wolle.

Es gibt noch etwas zu sagen und zwar das Wichtigste! Schauen wir auf den Gastgeber im Evangelium! Letztlich ist Gott selbst der Gastgeber des Lebens, der einmal auch korrigieren wird, was falsch gelaufen ist. Davon bin ich fest überzeugt.

Gott setzt ein Zeichen vor den Kampf zwischen den Menschen, das diesem seinen ganzen Sinn nimmt; er zieht diesem Kampf, diesem gegenseitigen Mobbing gleichsam dessen Giftzahn. Jesu Erzählung ist nämlich keine Anstandsregel, sondern eine Geschichte, die Gottes Beziehung zu uns und in Folge unsere Beziehung zueinander und zu Gott anspricht.

Die Erzählung will sagen: Wir vergiften unser Leben, wenn wir unbedingt den eigenen Vorteil suchen, einen guten abgesicherten Platz mit allen Mitteln erkämpfen und dadurch für nichts anderes, vor allem niemand anderen mehr Zeit und Energie haben. Wir vergiften unsere Gesellschaft, wenn wir Menschen, die uns nicht liegen, links liegen lassen, und Menschen am Rande unserer Gesellschaft noch weiter hinausdrängen und ins Abseits stellen: Ausländer, Kranke, Behinderte, ... Bei allem berechtigten Streben nach diesem und jenem guten Platz, es darf nicht aufkosten der Menschenwürde anderer geschehen.

Bei Gott sind alle angenommen und willkommen, nicht nur die Gleichgesinnten, sondern auch die Armen, Beeinträchtigten, Lahmen und Blinden. Gott nimmt uns an - unabhängig von Macht, Titel, Besitz, sozialer Stellung und politischem Einfluss. Bei ihm gilt nicht: „Hast Du was, bist Du was; hast Du mehr, bist Du wer!"

Gott will zum Leben verhelfen, indem er das Niedrige erhöht.

Gleichsam als Bürgschaft und Beweis, dass der Lebenskampf als oberste Maxime des Lebens sinnlos ist, weil Gott das Niedrige erhöht, hat Gott sich in Jesus selbst erniedrigt und ist gehorsam geworden bis zum Tod, um ihn zu erhöhen zur Fülle des Lebens. Er ist arm geworden, um uns alle zu bereichern. Oder wie es Maria im Magnificat besingt: „Er stürzt die Mächtigen vom Thron und erhöht die Niedrigen."

Gott lädt uns ein, als Beschenkte auch dem Kampf gegeneinander um die Plätze vorne zu widerstehen und etwas von der neuen Ordnung des Evangeliums umzusetzen, also der in Gott begründeten Gleichheit aller anfänglich zum

Durchbruch zu helfen. Überall dort, wo wir die Mitmenschen einladen, die am materiellen Brotkorb und am Sinn-Kuchen der Menschheit zu kurz kommen, beginnt hier und jetzt eine neue Wirklichkeit, die Jesus das Reich Gottes nennt. Mit ihm bricht eine andere Seligkeit auf als die der ökonomischen Abgeltung. So heißt es im Evangelium: „Du wirst selig sein, denn sie können es dir nicht vergelten; es wird dir vergolten werden bei der Auferstehung der Toten" – eine Seligkeit also, die im Sprichwort ausgedrückt ist „Geben ist seliger denn nehmen".

Der alttestamentliche Weise nennt in der Lesung den Übermut, also das durch Einsatz der Ellbogen Über-Dem-Andern-Sein, ein giftiges Kraut. Er lobt hingegen den Bescheidenen, der ob groß oder klein sich beschenkt und geliebt weiß. Er ist der Weise, der ein hörendes Herz bewahrt hat, sich auf ein Du verwiesen erfährt und so um die Macht und Gnade Gottes weiß.

Ich wünsche uns, dass wir etwas von der Gegenwart des Reiches Gottes ermöglichen und verspüren überall dort, wo wir uns klein machen, nicht im falschen Sinn, sondern um einem andern zum Leben zu verhelfen, etwa wenn ich für jemand Zeit habe, geduldig warte, jemandem nicht von oben herab, sondern auf Augenhöhe begegne oder jemandem Gebeugten zum aufrechten Gang verhelfe und so erhöhe. Ich wünsche uns auch die Erfahrung dieser neuen Wirklichkeit des Reiches Gottes, wenn wir spüren, dass Gott uns erhöht hat, weil wir mit unserem Leben zufrieden sein dürfen oder weil wir uns dankbar mit Stärken und Schwächen annehmen und auch andern helfen können. Amen.

22. Sonntag

Sir 3,17-18.20.28-29, Lk 14,1.7-14 (2.9.2007)

Die Lesung aus dem Weisheitsbuch Jesus Sirach ist heute ein Lob der Bescheidenheit und ein Tadel des Übermütigen im Gegensatz zum Demütigen. Auch das Evangelium lobt die Bescheidenheit und tadelt jede berechnende Absicht, denn „Falsche Bescheidenheit ist ebenfalls Hochmut" (Blaise Pascal). Beide biblischen Lesungen legen also nahe, uns ein paar Gedanken zu Bescheidenheit und Demut zu machen - zwei Haltungen, die heute nicht unbedingt zu den beliebtesten Tugenden gehören. „Bescheidenheit ist eine Zier, doch weiter kommt man ohne ihr." – Und wer will nicht weiterkommen?! Wer will nicht im Ranking weit vorne sein und einen Spitzenplatz haben!? Auch wenn es verdammt hart ist, der Beste zu sein!

Ich finde es wichtig, zunächst klar zu sagen, was mit Demut und Bescheidenheit nicht gemeint ist.

Bescheidenheit und Demut meinen sicherlich nicht eine duckmäuserische Unterwürfigkeit, eine falsche Obrigkeitshörigkeit oder irgendeine Art von Kriechertum, um ja gut dazustehen. Das meint Heinrich Böll, wenn er sagt: „Uns, die wir uns so leicht demütigen, fehlt etwas: Demut, die nicht zu verwechseln ist mit Unterordnung, Gehorsam oder gar Unterwerfung." Solche Erniedrigung passt nicht zum aufrechten Gang des Menschen. Und wer einen anderen zuerst einschüchtern muss, um selbst groß zu sein, lebt auch von einer eingebildeten Größe.

Auch ein bloß schiefer Kopf beim Beten zeugt eher von einer naiven und regressiven Frömmigkeit als von der Haltung eines demütigen reifen Menschen.

Bescheidenheit ist auch nicht eine angepasste sogenannte diplomatische Haltung, die aus lauter ‚political correctness' niemandem weh tun und nirgends anstoßen will.

Schon gar nicht bescheiden und demütig im richtigen Sinn ist eine berechnende Haltung, die bloß zum Schein eine Demutshaltung vorspielt, aber durchaus weiß, was sie will und beabsichtigt, nämlich letztlich den eigenen Vorteil. Aus solcher Motivation gegebene Geschenke sind nicht ehrlich gemeint, sondern eine versteckte Absicht, daraus Profit zu machen. Da steckt von Anfang an der Wurm drinnen.

Schließlich ist Bescheidenheit auch nicht eine Tugend, die man erwirbt, um sich selbst auf die Schulter zu klopfen. In diesem Sinn sagt der Schriftsteller Alois Brandstetter ironisch humorvoll: „Das einzige, worauf ich stolz bin, ist meine Bescheidenheit. Trotz meiner großen Erfolge ist es mir gelungen, ein Mensch zu bleiben, sozusagen wie Du und ich."

Was ist dann echte Demut! Vielleicht hilft uns das lateinische Wort dafür „humilitas" weiter. Humilitas hängt zusammen mit dem ‚humus', also der Erde. Die damit verbundene Haltung ist geerdet, also nüchtern und realistisch. Der ‚Humus' hat auch Feuchtigkeit, ist also nicht staubtrocken. Das Wort für Humor leitet sich davon ab. Der Bescheidene und Demütige hat also Humor, kann lachen, auch und besonders über sich selbst. Er weiß um seine Lichtseiten, aber auch um seine Schattenseiten und Schwächen. Er genügt sich deshalb selbst nicht, sondern er weiß sich auf andere angewiesen.

Der Über- oder Hochmütige hingegen im Gegensatz zum Demütigen, von dem auch die Lesung spricht, überschätzt sich. Sein Mehr lebt vom Weniger des Anderen, d.h. aufkosten des anderen. In diesem Sinne mahnt wohl Jesus im Evangelium auch jene, die sich von vornherein die Ehrenplätze vorne aussuchen.

In Klammern gesagt: Jesus hat das sicherlich nicht auf die Kirchenbänke bezogen. Es soll nicht so sein, dass der Vater am Sonntagmorgen zu seiner Familie sagt: „Liebe Gattin und Kinder! Beeilt Euch, sonst sind die hinteren Plätze in der Kirche schon alle belegt." Also hier besteht eine echte Einladung, immer wieder nach vorne zu rücken.

Ich denke, dass ein anderes Wort für Demut und Bescheidenheit eigentlich die recht verstandene „Selbstliebe" ist, nämlich sich selbst mit Licht- und

Schattenseiten, so wie man eben ist, anzunehmen. Das dauert, meint Saint-Exupery, ein Leben lang! Selbstliebe ist fürwahr nicht Egoismus, in dem das kleine Ich zum goldenen Kalb wird und sich gebärdet als wäre es allein auf der Welt. Es gibt heute vermehrt diese EGO-AGs, diese ersten Plätze, die die anderen verdrängen.

Es ist freilich auch dazuzusagen, dass die Dimension der Selbstliebe im Dreiklang der Liebe (Gottes-, Nächsten- und Selbstliebe) früher manchmal in einer gewissen sogenannten christlichen Erziehung vernachlässigt wurde, während heute der Pendelschlag eher in die andere Richtung ausschlägt. Rechte Selbstliebe weiß auch, dass das Wesentliche im Leben – Liebe, Freundschaft, Verständnis, Zuwendung - letztlich Geschenk vom Du des anderen und letztlich vom Du Gottes her ist und man es nicht machen oder kaufen kann. So bekennt Maria im Magnificat: „Er stürzt die Mächtigen vom Thron und erhöht die Niedrigen". Und Jesus sagt: „Wer sich selbst erhöht, wird erniedrigt, und wer sich selbst erniedrigt, wird erhöht werden."

Wenn Bescheidenheit und Demut mit gelingenden Beziehungen, also mit Liebe zu tun haben, so sind sie genau das Gegenteil von berechnender Geschäftmentalität, d.h. sie haben etwas mit Gnade zu tun, Das griechische Wort dafür heißt ‚charis' und hängt mit unkäuflichem Charme zu tun, das lateinische Wort heißt ‚gratia' und hängt mit gratis zusammen.

Diese Dimension des völlig Unverzweckten und Geschenkhaften spricht Jesus an, wenn er dazu auffordert, nicht nur Verwandte und Freunde, sondern die Armen, Behinderte, Lahme und Blinde einzuladen, denn sie können es uns nicht vergelten.

‚De-Mut' ist also alles andere als eine Passivität. Demut versteckt nicht die eigenen Fähigkeiten, sondern tut was man kann, jedoch ohne auf Lohn und Anerkennung zu achten. Demut ist, wie das Wort sagt, der Mut zu sich selbst mit Stärken und Schwächen und vor allem auch der Mut zu dienen und für andere da zu sein – im Gegensatz zum nicht egoistischen Hochmut, der andere ausnützt.

Demut hat mit der Fürsorge für den anderen zu tun – im Gegensatz zur bloßen Eigen-Vorsorge des Übermütigen. „Liebevolle Demut" sagt Dostojewski, „ist eine gewaltige Macht, die stärkste von allen, und es gibt keine andere, die ihr gleichkäme".

Der letzte Satz der Lesung lautet: „Ein weises Herz versteht die Sinnsprüche der Weisen, ein Ohr, das auf die Weisheit hört, macht Freude." Es ist wohl eine Anspielung auf den König Salomon, der sich nicht Reichtum und Ansehen gewünscht hat, sondern ein hörendes Herz – und so zu dem Inbegriff des weisen Menschen wurde. Gott hat uns einen Mund und zwei Ohren gegeben – wohl um mehr zu hören als zu sprechen. Freilich auch hier gilt: „Das Wesentliche ist für die Ohren unhörbar. Man hört nur mit dem Herzen gut."

Ich wünsche uns allen, dass wir wieder mehr Ohr füreinander sind und persönlich zur rechten Demut und Bescheidenheit finden. Ich wünsche auch unserer Kirche die von Altbischof Reinhold Stecher oft angesprochene ‚kirchengeschichtliche Demut' – im Wissen, dass wir alle den kostbaren Schatz des Evangeliums und des Glaubens in sehr zerbrechlichen Gefäßen tragen und oft versagt haben, und eine demütige Kirche, die den Mut hat zu dienen, denn „eine Kirche ist nur Kirche, wenn sie Kirche für andere ist" (Dietrich Bonhoeffer). Amen.

23. Sonntag

Weisheit 9,13-19; Lk 14, 25-33 (8.9.2013) Bergmesse

Auf die Frage, eine kurze Zeitdiagnose zu stellen, kann man vielleicht mit ein paar Stichworten sagen: Unsere Zeit ist sehr schnelllebig und deshalb irgendwie kurzatmig. Alles soll möglichst rasch, ja womöglich sofort (subito) sein, angefangen vom Fastfood bis hin zu High-speed-Fahrzeugen mit den entsprechenden Autobahnen. Man will das gegenwärtige Leben möglichst intensiv genießen und es wie eine Zitrone auspressen, denn schließlich ist dieses Leben die „letzte Gelegenheit" (Marianne Gronemeyer) - und weil sich in unserem kurzen

menschlichen Leben gar nicht alles auskosten lässt, möge es ein zweites Leben oder überhaupt mehrere Leben geben. So findet die Lehre der Reinkarnation (Seelenwanderung) durchaus offene Ohren, allerdings in einer total anderen Deutung als sie in den Religionen des Fernen Ostens hat.
Ich meine, Hasten und möglichst ‚Gas geben' muss man vor allem dann, wenn weitere Zukunftsperspektiven fehlen.

Auf diesem Hintergrund ist es gut, auf die Lesung aus dem alttestamentlichen Buch der Weisheit hinzuhören: Sie weist auf die Grenzen der menschlichen Erkenntnisfähigkeit hin: „Wir erraten kaum, was auf der Erde vorgeht, und finden mit Mühe, was doch auf der Hand liegt."
Damit sollen die wichtigen Erkenntnisse der Technik und anderer Wissenschaften, zumal der Medizin, nicht klein geredet oder unter ihrem Wert für uns alle abgehandelt werden. Aber in der Lesung heißt es auch: „Welcher Mensch kann Gottes Plan erkennen, oder wer begreift, was der Herr will?" Dazu braucht der Mensch über alles Wissen hinaus die von Gott geschenkte Weisheit und Gottes heiligen Geist.
Offenbar ist es immer schon eine Versuchung des Menschen gewesen, die „Spuren der Engel", wie P.L. Berger sein 1972 erschienenes Buch nennt, zu vergessen und einer damit nicht mehr menschlich vermessbaren Dimension verlustig zu gehen. Die Lesung ist ein Aufruf nicht bei der „Vermessung der Welt" (Daniel Kehlmann) stehen zu bleiben, sondern zur „Wiederentdeckung der Transzendenz" (Untertitel des Buches von P.L. Berger) aufzubrechen.
Beim kleinen Kind spricht man von Allmachtsphantasien, die begrenzt werden müssen, damit aus dem Kind ein für das konkrete Leben tauglicher und reifer Mensch wird. Ist es nicht ein neuer Machbarkeitswahn oder - wie Horst Eberhard Richter sagt - ein „Gotteskomplex", der dazu führte, den Himmel abzuschaffen und ihn durch irdische Paradiese zu ersetzen?
Ein Begleitphänomen ist übrigens auch die Wahrheit, die der Volksmund so ausdrückt: „Wo der Glaube bei der Tür hinaus geht, kommt der Aberglaube beim

Fenster herein." Wer kennt etwa nicht alle möglichen oder eher unmöglichen Ansichten über Engel, Dämonen, Teufel, wie sie in der Esoterik angeboten werden?

Eugen Ionesco bringt es auf den Punkt, wenn er einmal bei der Eröffnung der Salzburger Festspiele sagte. „Die Menschen gehen auf ihrem Planeten im Kreis wie in einem Käfig, weil sie vergessen haben, dass man nach dem Himmel sehen kann". Es gibt zwischen Himmel und Erde offenbar mehr als der Mensch messen und machen kann. Dafür aber bedarf es nicht des Wissens, sondern der Weisheit, nicht des Machens, sondern des Staunens.

Salomon hat sich bei der Wahl zwischen Macht, Besitz und Pracht die Weisheit gewünscht; diese schenkte ihm inneren Abstand zu all dem anderem und ließ ihn ein guter Mensch und Herrscher sein. Die Weisheit hat, als hätte man nicht; sie wandelt Macht zu Dienst und Pracht zu Begegnung auf Augenhöhe.

Wir stehen alle nach Urlaub und Ferien am Anfang eines Schul-, Studien- oder Arbeitsjahres. Im Psalm 90 steht: „Unsere Tage (des kommenden Jahres) lehre uns zählen, dann gewinnen wir ein weises Herz" (Ps 90,12). Das heißt für mich: nicht die Zahl 365 oder die Quantität des schulischen und beruflichen Wissens und die Leistung von Hirn und Hand machen uns weise, sondern nur das, was sie sprengt und uns auf die Qualität hin, auf das Herz hin öffnet.

So sehr wir dankbar sind für alles Wissen sind, wo es zum Segen der Menschen verwendet wird, ist uns auch dessen möglichen Fluch bekannt, wo allein Hirn und Hand darüber bestimmen und die Weisheit des Herzens ausgeschaltet bleibt.

Liebe Bergfreunde, warum gehen wir in die Berge? Ich bin überzeugt, dies tut uns allen gut, um die eben angesprochene Gefahr zu vermeiden und ein Stück weiser zu werden, also Abstand zu gewinnen von dem, was uns ‚im Tal' besetzt oder gar besessen macht, um uns frei zu schwimmen von den ‚Götzen' der jeweiligen Zeit, von dem eigenen Hochmut und vom ‚Sein-wollen-wie-Gott'. Nicht von ungefähr haben die Berge in allen Religionen eine große Bedeutung, weil sie die Ebenen des Tales ‚transzendieren' lassen. Das Wort von Saint-Exupery „Freund, ich brauche dich wie einen Berg, auf dessen Gipfel ich frei atmen kann" gilt auch umgekehrt: „Berg, ich brauche dich wie einen Freund, in dessen Nähe ich frei atmen kann".

Ich darf den heuer verstorbenen Bischof Reinhold Stecher, einen fürwahr Bergerfahrenen, zitieren:

„Die Berge erteilen mit ihren mächtigen einsamen Talabschlüssen und Rastplätzen unter Tausend-Meter-Wänden eine heilsame Lektion über die Kleinheit des Menschen. Das ist und bleibt der Anfang aller Weisheit. Die Botschaft der Felsfluchten und Eisflanken, der Schuttströme und Wasserfälle ist eine vernichtende Lektion gegen die Hybris einer Epoche, in der man die Schöpfung streckenweise mit einem Großlabor oder einer Maschinenhalle, mit einem Bereich unbeschränkter Machbarkeit verwendet hat.

Sie ist eine eindrucksvolle Korrektur aller jener Ideologien, die den Menschen zum absoluten Mittelpunkt alles Denkens und zum Maß aller Dinge gemacht haben. ..

Diese Botschaft der übermächtigen Berge ist wie ein leises Lachen über alle jene Programme und Heilsbotschaften, die davon ausgehen, der Mensch könne sich selbst aus seinen quälenden Fragen und Problemen erlösen und befreien, und dass er dazu nichts weiter brauche als ein raffiniertes Know-how und ein paar Psychotricks." (Die Botschaft der Berge)

Die Berge sind also eine Einladung an uns, die Chance einer größeren Perspektive, nämlich die des Himmels, der größer ist als die selbstgemachten Paradiese, zu erahnen. In einer Zeit großer Zweifel und Fragen sind sie eine Aufforderung so zu leben als ob es einen Himmel gäbe – um zu erfahren, dass es ihn gibt.

Wer an diese tiefere Dimension unseres Daseins glaubt, kann auch mit dem unmittelbar schwer zugänglichen Evangelium umgehen. Auf vielen Berggipfeln steht das Kreuz, das zu tragen Jesus seine Jünger und Jüngerinnen einlädt. Jesu spricht Klartext, auch was die Erforderungen der Nachfolge betrifft. Es gibt in der Welt, wie sie nun mal ist, nicht nur Lustwandel und Spaziergänge, sondern auch Engpässe und Kreuzwegstationen, ja schließlich sogar die Radikalität, alles hinter sich lassen zu müssen, um den Gipfel zu erreichen. Alle Bindungen an Boden, Blut und Rasse, an soziale Gruppen, Besitz und Macht müssen letztlich gelöst werden, um in die Freiheit der Christus-Nachfolge hineinzuwachsen. Darum heißt es auch hier, sich hinsetzen und gut zu überlegen, ob und wie man es schafft – so wie ein Baumeister oder ein König überlegt, ob seine Unterfangen gelingen.

Auch in dieser Hinsicht erteilen die Berge eine Lektion, die im Sinne des Evangeliums uns Wichtiges lehrt und hilft. So zitiere ich nochmals Bischof Reinhold Stecher:

„Berge sind unbequem. Sie legen sich sozusagen quer gegen unsere schaumgummigepolsterte Knopfdruckzivilisation, die wir beim Parkplatz zurücklassen. Wer wirklich das Rendezvous mit dem Berg sucht, kann ihn nicht einfach mit der Seilbahnkarte und einem guten Platz im Panoramacafè überlisten. ... Wer den Berg richtig erleben will, kommt nicht so billig weg. Wer in die Berge zieht, muss mit einer gewissen Veränderung des Lebensstils vorlieb nehmen. Da wird ihm das Traumbett mit einem Matratzenlager vertauscht, der Klubsessel mit dem Biwacksack, das temperierte Schaumbad mit ein paar Handvoll eisigen Bachwassers. .. Der Berg fordert Schweiß und hält nichts von den vornehmen Deodorants. ... Der Berg ist unbequem. Auch mit dieser Eigenschaft rückt er in die Nähe Gottes. Der Gott der Wahrheit war immer unbequem. Wir Menschen versuchen zwar manchmal, uns einen ‚lieben Gott zum Nulltarif' zu basteln, der kostenloses Seelenservice bietet. Aber damit betrügen wir uns selbst. Der Gott der Bibel kennt keinen Nulltarif." (ebd.)

Liebe Bergfreunde, die Berge sind also durchaus ein ganzheitlicher Kommentar zu den beiden Lesungen dieses Sonntags, eine Schule gelingenden Lebens. Mögen wir dafür offen sein! Amen.

24. Sonntag

Ex 32,7-11.13-14; Lk 15,1-32 (16.9.2001)

Zu sehr haben uns die schrecklichen Terrorakte in den USA betroffen gemacht und in Sorge versetzt als dass wir ohneweiters zur Tagesordnung übergehen könnten. Das Ausmaß des Schreckens hat eine noch nie dagewesene Dimension erlangt, als gesichtslose Terroristen Tausende unschuldiger Menschen in ihren selbstmörderischen Tod mit hinein gerissen haben. Es gibt keine angemessenen Trostesworte, keine abgeklärte Zukunftsperspektive. Es ist verständlich, dass die Täter gesucht und zur Rechenschaft gezogen werden, denn es gibt keine Rechtfertigung für Mord, und „es gilt, all jenen prompt das Handwerk zu legen, die ... statt zu demonstrieren morden, brennen und zerstören" (SN vom 13.9.2001). Aber das kann nicht alles sein, was wir zumal als Christen zu sagen haben!

Die Gefahr besteht ja, dass der Ruf nach Gerechtigkeit zum Schrei nach Rache und nach noch größerer Vergeltung wird, wodurch die Spirale der Gewalt und das Leid nur noch größer werden und eine Lösung weiter denn je wegrückt.

Wir haben sicherlich keine Patentantworten, schon gar nicht auf die aktuelle Situation. Wir sollten jedoch auch die Frage mitbedenken, warum es überhaupt dazukommen konnte. Nur eine solche Wurzelbehandlung kann überhaupt eine Chance auf eine langfristige Besserung bringen. - Der Herr allein hat Worte des Lebens, nicht des Verderbens. Selbst im Exil von Babylon sagt er durch Jeremia, dass er nicht Pläne des Unheils hat, sondern Pläne des Heils, die uns Zukunft und Hoffnung geben (Jer 29,11).

Die Lesung mit der bekannten Stelle der Anbetung des Goldenen Kalbes macht uns verständliche Schwierigkeiten, wo von Zorn Gottes die Rede ist. Vielleicht meinen sogar manche religiöse Fanatiker ausführende Organe dieses göttlichen Zorns sein zu sollen und in glühendem Eifer alles, was ihnen in den Weg kommt, vernichten zu müssen.

Das Alte Testament drückt damit auf sehr menschliche Weise Gottes Heiligkeit und Gerechtigkeit und vor allem seine Leidenschaft für das Gute und seinen Widerwillen gegen das Böse aus. Es ist kein blindwütiges Dreinschlagen Gottes gemeint, sondern es ist vielmehr eine Aussage über den Menschen: Der Zorn Gottes ist die Erfahrung des Menschen, dass er sich bei der Anbetung des Goldenen Kalbes selbst in die Nähe des Abgrunds manövriert und einer Kultur des Todes statt des Lebens verfällt. Wer hingegen zu Gott wieder umkehrt, wird dessen wärmendes Herz und Barmherzigkeit als Wesen Gottes und eigenes Leben erfahren.

Sind die Meuchelmörder der Terrorakte die verblendeten Anbeter des Goldenen Kalbes? Wollen jene aber nicht durch die von ihnen angepeilten Ziele des World Trade Center, des Pentagon und eines Regierungsgebäudes sagen, dass in ihren Augen die westliche Welt in der Wirtschaft, in der militärischen und politischen Macht Goldene Kälber anbetet, die es auszurotten gilt?
Eine so einfache Schubladierung bringt bei der Suche nach Wurzeln nichts! Ich bin überzeugt, beide Teile, ja wir alle haben Goldene Kälber. Sie weiden nicht friedlich nebeneinander, sondern dieser globale Tanz um das Goldene Kalb gleicht im Moment eher einem wild gewordenen Kampf zwischen Stieren, der die Gefahr eines dritten Weltkrieges heraufbeschwört.
Ich habe selbst vor 40 Jahren ein Jahr als Austauschstudent in den USA gelebt und verdanke diesem Aufenthalt viele bereichernde Erfahrungen. Wir in der westlichen Welt sind immer mehr amerikanisiert worden, nicht nur durch neudeutsche Worte, sondern viel mehr noch durch positive und negative Werte, die wir übernommen haben. Wir sprechen von den christlichen USA und vom christlichen Abendland, aber hat der Glaube nicht vielfach das Kleid der Anständigkeit und Tüchtigkeit, des wirtschaftlichen und militärischen Erfolges und der politischen Vorherrschaft angezogen? Sagen wir nicht allzu leicht „God bless us", wenn wir unsere eigenen Interessen und Vorteile verteidigen und dabei die Schere zwischen Arm und Reich, zwischen 1. und 3. Welt sich immer mehr auftut?

Ist der ‚American way of life' nicht asiatischen und afrikanischen Ländern wirtschaftlicher Vorteile wegen aufgedrängt worden? Wurden dabei nicht andere Religionen und Länder allzu oft gedemütigt? Haben wir übersehen, dass die Schlachtopfer nicht mehr Jahwe galten, sondern den Fruchtbarkeitsgöttern der Moderne, den Goldenen Kälbern des 21. Jahrhunderts: Geld, Macht und Profit?

Bezogen auf die Hochhäuser in New York drückt der Dichter Reiner Kunze in seinem Gedicht 'Manhattan in Unwetter' negatives Staunen über das Fehlen von Glocken aus; er sagt: „So viele Türme ohne Glocken". - Türme und Glocken verweisen Menschen, deren Augen und Ohren dafür offen sind, über alle engen Horizonte hinaus in göttliche Höhe und Weite! Kann es sein, daß das World-Trade-Center den Blick dorthin verstellt hat?

Wenn schon in den eigenen Breitengraden es der Nicht-Tüchtige, der physisch, psychisch oder moralische Behinderte es nicht leicht haben, wie erst erlebt es der Fremde und Andersdenkende, der sich in seiner Identität bedroht fühlt? - Das sind mehr Fragen als Antworten, Fragen an uns selbst auf der Suche nach den Ursachen der Eskalation, um von den Wurzeln her Lösungen zu erahnen.

Während die Goldenen Kälber des reichen Westens oft eher schmeichelnden Katzen gleichen, die nur gelegentlich ihre Krallen zeigen, sind die Goldenen Kälber der Terroristen, wo immer sie herkommen mögen, eher wild um sich schlagende, alles zerstörende Stiere, die, hasserfüllt und gereizt durch die westliche wirtschaftliche und militärische Bevormundung, alles zerstören, ja sich selbst - im fanatischen Glauben, dadurch Heilige und Märtyrer zu werden. So wie die ausgebeutete Natur zurückschlägt, so wehren sich zunehmend Völker, die durch Sklaverei, Kolonialismus und wirtschaftliche Ausbeutung ihrer Ressourcen zu den Verlierern der Globalisierung gehören.

Religiöser Fanatismus ist dabei noch viel grausamer als weltlicher, denn Gott wird mißbraucht und vor den Karren der eigenen Ideologie gespannt, um sein Gewissen zu immunisieren. Es sind fürwahr die schrecklichsten Goldenen Kälber, denen Menschen überhaupt opfern können. Um der Menschheit willen muss alles getan werden, um solchem religiösen Fanatismus und diesem Missbrauch der Religion Einhalt zu gebieten.

Dazu braucht es mehr als einen Präsidenten Bush und eine NATO für Vergeltungsschläge. Dazu braucht es einen Mose unserer Tage wie Johannes Paul II, Nelson Mandela oder Dalai Lama, also religiöse oder politische Menschen, denen man glaubwürdig abnimmt, dass es ihnen uneigennützig um das Wohl aller geht und sie Brückenbauer zu allen sind.

So hilflos wir auch alle angesichts der Größe der Probleme sind, Jesus gibt die Richtung an, in der zu gehen ist, um die Spirale der Gewalt zu stoppen und eine gedeihliche Zukunft für die Menschheit zu finden.

Die erste Aufforderung Jesu an seine Jünger ist, nicht Schutt und Asche auf feindlich gesinnte Menschen herabzurufen, wie es die Jünger Jesu auf die ungastlichen Dörfer Samarien tun wollten, also nicht wild drauf loszuschlagen, und die zweite, das Schwert einzustecken, wie er es Petrus befahl, also gewaltlos vorzugehen. Er selbst geht einen anderen Weg, wie das heutige Evangelium zeigt. Er bringt nicht sein Schäfchen ins Trockene; er identifiziert sich nicht bloß mit den Braven, Anständigen und Tüchtigen, sondern er isst zum Ärgernis all derer mit den Zöllnern und Sündern: „Jesus in schlechter Gesellschaft", um die Verlorenen zu suchen und in die Gemeinschaft zurückzubringen. Jesus fragt nicht nach Leistung und Erfolg, nicht nach physischen oder psychischen, ja nicht einmal nach moralischen Mindeststandards; das Mahl ist Ausdruck des Angenommenseins ohne Vorbehalte - er isst mit den Sündern!

Mit leidenschaftlicher Liebe sucht er unermüdlich jeden Menschen so wie der Hirt das verlorene Schaf oder die Frau die verlorene Drachme. Auf diese beiden Gleichnisse folgt jenes vom verlorenen und zurückgekehrten Sohn, wo unverhohlen auch von moralischer Schuld des jüngeren Bruders und vom Unverständnis des älteren Bruders für das Verhalten des Vaters die Rede ist. Jesus setzt dabei viel aufs Spiel, die Geduld der 99 anderen Schafe oder die gute Laune des älteren bisher so fleißigen Sohnes. Er setzt sich selbst aufs Spiel, denn er durchbricht die Ursachenkette des Bösen, indem er die Folgen dessen, was wir verursachen, auf sich nimmt, ohne den Schatten des Bösen auf andere weiterzugehen - auch wenn es ihm dabei als Sündenbock das Leben kostet. Nur so kommt wirklich etwas Neues auf die Welt; so fängt das Reich Gottes an!

Für unsere Gesellschaft heißt dies: Die Schere zwischen Arm und Reich darf nicht noch größer werden. Die Verlierer - im Kleinen und bei der Globalisierung - gilt es zu suchen und ins Boot der Menschheit hereinzuholen, denn sonst kommt es wirklich einmal zu einem großen Kampf der Kulturen. Wir alle brauchen dazu mehr als technischen Fortschritt, wir brauchen vor allem Herzensbildung und Dialogbereitschaft mit allen, zumal den Andersdenkenden.

Es ist die Frage an die Kirche Jesu Christi, an uns alle, wie weit wir wie Jesus die Verlorenen mit vollem Einsatz suchen. Oder sind wir in der Kirche auch schon ein Club der Tüchtigen und Braven geworden, die Sünder und Zöllner ausschließen? So heißt es im neuesten Sozialbericht der 14 christlichen Kirchen Österreichs: „Kirchen sollten von ihrer Neigung Abschied nehmen, lieber an der Seite der ‚Braven' und Etablierten als der Außenseiter zu stehen". Es kann deshalb nicht im Sinne Jesu sein, wenn z.B. Geschiedene Wiederverheiratete immer noch von der Mahlgemeinschaft mit ihm ausgeschlossen, wenn Homosexuelle diskriminiert, wenn Ausländer ausgegrenzt werden.

Wenn wir verhindern wollen, dass das Konfliktpotential in unserer Welt noch größer wird, so heißt es, in der Nachfolge Jesu Brückenbauer zu sein und den Außenseitern und ‚Verlorenen' nachzugehen. Dies ist ein Gebot der Stunde in unserem Land, in dem der soziale Grundwasserspiegel gefährdet ist; es ist ein Gebot der Stunde in unserer von den Terrorakten erschütterten Welt, damit die Spirale der Gewalt nicht noch größer wird.

Überall, wo ich Barmherzigkeit statt Vergeltung suche, ist ein Stück Reich Gottes im Kommen. Beten wir angesichts unserer Ohnmacht: „Dein Reich komme". Amen.

24. Sonntag

1 Tim 1,12-17; Lk 15,1-32 (12.9.10) (Bergmesse)

Wie würden Sie den gesamten Inhalt des Alten Testaments in einem kurzen Satz zusammenfassen? Meine Antwort darauf lautet: Gott sucht den Menschen. – angefangen von der Frage: „Adam, wo bist Du?" bis hin zur häufig gestellten Frage, warum er davon läuft. Auf allen Wegen, Umwegen und Irrwegen sucht Gott den Menschen. Letztlich wird er ihm immer ähnlicher im mit uns solidarischen Gottesknecht (beim Propheten Jesaja). Auch auf unseren krummen Zeilen schreibt Gott nochmals gerade.

Und was ist der Inhalt des Neuen Testaments – so kurz als möglich zusammengefasst? Meine Antwort darauf heißt: Gott findet den Menschen – durch die „List der Liebe", indem er selbst in Jesus Christus Mensch wird. Gott schlägt sein Zelt unter uns auf (Jo 1,18: „Das Wort ist Fleisch geworden"; Phil 2,6f: „Er, der Gottes Gestalt hatte, hat sich entäußert und ist Mensch geworden?") Er scheut keine Mühe, keine Konsequenz der Liebe, von der Krippe bis zum Kreuz. Er scheut nicht die Mühe der Berge, nicht die des Ölbergs und nicht die von Golgatha. Übermorgen feiern wir das Fest der Kreuzerhöhung, das diese Logik der Liebe in den Worten zum Ausdruck bringt: „Wenn ich über die Erde erhöht bin, werde ich alle an mich ziehen" (Jo 12,32). Es ist die Faszination der Liebe, die die Freiheit dem Geliebten lässt; es ist die Ansteckung des Guten, die hier wirkt, kein technischer Magnetismus! Das Herz spricht zum Herzen (‚Cor ad cor loquitur').

Gott sucht nicht den Menschen in seiner Abstraktheit, sondern Dich und mich, denn Liebe ist immer konkret. Vom allgemeinen „Seid umschlugen, Millionen!" kann man nicht leben! Jeder und jede ist ganz persönlich gemeint; jedem/ jeder gilt die ganze Sorge und Aufmerksamkeit Gottes. Vor Gott ist niemand ein anonymer Nobody. Oder wie man sagt: Gott gibt dem Menschen einen Namen, der Teufel nummeriert sie. Und dieser Gott hält dem Sünder keine Standpauke, sondern geht ihm nach und ist überglücklich, also voller Freude über den gefundenen Menschen. Welch ein Gottesbild!

Im Evangelium erzählt Jesus zwei Beispiele des Suchens im Alltag. Das heißt für mich auch: Gott sucht und begegnet uns nicht auf irgendwelchen außerirdischen exotischen Wellenlängen, sondern in der Banalität des Alltags. Da ist der Hirt, der die 99 Schafe zurücklässt, um nach dem verlorenen zu suchen, denn jeder einzelne zählt und ihm gilt die ganze Fürsorge. Es ist ein Beispiel aus der männlichen Welt.

Die Suche nach der Drachme, dem Tageslohn einer sicherlich armen Arbeiterin damals, ist ein Beispiel aus der fraulichen Welt. Für mich besagt dies auch, dass Mann und Frau vor Jesus völlig gleichwertig sind, also alle sexistischen Vorurteile falsch sind (Gal 3,28: „Es gibt nicht ... Mann und Frau, denn ihr alle seid ‚einer' in Christus Jesus") – eine Gabe, die uns immer noch eine zu bewältigende Hausaufgabe ist – in Gesellschaft und Kirche!

Am Beginn des Evangeliums wird gesagt, dass Jesus Anstoß erregt, weil er mit Sündern und Zöllnern isst. Ich verbinde damit eine persönliche Erinnerung: Ich war Zeuge, als im Jahre 1973 der Priesterkünstler Sieger Köder im Speisesaal der Sommervilla des Germanikums nahe Rom ein großes Bild mit diesem Thema gemalt hat: „Jesu Mahl mit den Sündern und Zöllnern". Rund um den Tisch saßen, der Zeit nach dem 2. Weltkrieg und dem 68-Jahr entsprechend, die Schwarzen Schafe und Sündenböcke der damaligen Zeit: ein Jude, eine Prostituierte, eine Greisin, ein Clown, ein Student, eine Gesellschaftsdame und ein Afrikaner. Wer würde heute dort sitzen? Leute mit Migrationshintergrund? Roma und Sinti? Indianer? Bettler?

Das Evangelium berichtet weiter das in die Weltliteratur gehörige Gleichnis vom barmherzigen Vater. Ich erinnere daran, dass dieses im Hauptportal unserer Kirche St. Konrad in Linz in den Bronzetüren dargestellt ist und uns fragt, ob bei uns alle eingeladen sind. Gott zwingt nicht, aber er lädt alle ein und schließt niemand aus!

Wer fällt uns beim jüngeren Sohn ein? Ein Außenseiter, ein nicht-bürgerlich Angepasster; ein Sandler, manch Jugendlicher in seinem Freiheitsdrang? Sie alle erfahren das Er-barm-en des Vaters. Das altdeutsche Wort ‚Barm' erinnert wie auch das hebräische Wort dafür (rachamim) an den Mutterschoß, also an die höchste Intimität der Liebe, in der die Mutter zu ihrem Kind ein vorbehaltloses Ja sagt. „Kann denn eine Frau ihr Kindlein vergessen, eine Mutter ihren leiblichen Sohn? Und selbst wenn sie ihn vergessen würde: ich vergesse dich nicht." (Jes 49,15)

In der Lesung spricht ein Kronzeuge dieses Erbarmens, der früher Jesus verfolgte und nun keine Karriereplanung im Gefolge Jesu betrieben hat, sondern von sich aus bekennt: „So übergroß war die Gnade. ... Ich habe Erbarmen gefunden damit Jesus Christus an mir seine ganze Langmut erweisen konnte" (1 Tim 1, 14-16).

Und wer fällt uns beim älteren Bruder ein, der kein Verständnis für die Barmherzigkeit des Vaters hat? Müssen wir, die religiös Sozialisierten und kirchlich Praktizierenden, da nicht vor allem auch an uns selber denken und die Gefahr sehen, dass wir gleichsam einen Anspruch auf Gottes Zuwendung erheben und sie anderen nicht vergönnen? Es gibt auch einen religiösen Neidkomplex, der freilich völlig fehl am Platz ist!

Wir sind anbetracht der Langmut Gottes auch zu Empathie und Sympathie, zum langen Atem der Liebe eingeladen. Wir sind aufgefordert, füreinander und zueinander Wege zu suchen, die allen die Erfahrung von Wertschätzung und Anerkennung möglich machen.

Hier in dieser herrlichen Bergwelt, noch dazu bei so strahlendem Wetter, verspüren wir die Schönheit der Natur und der Berge. Wir sollen aber nie vergessen, dass das schönste Abbild Gottes der Mensch ist, also jeder unserer Mitmenschen. Daraus folgt die Einladung, geschwisterlich miteinander umzugehen. Wenn wir das tun, davon bin ich überzeugt, werden wir auch mit unserer Umwelt, mit der Natur, gut umgehen: statt sie auszubeuten und zu zerstören, werden wir das uns Mögliche zur Bewahrung der so wunderbaren Schöpfung beitragen. Amen.

27. Sonntag

Hab 1,2-3; 2,2-4; Lk 17,5-10 (7.Okt.2001) Erntedankfest

Kann man nach dem 11.September noch Erntedank feiern - nach dieser Tragödie mit all den Opfern? - Liegen einem oder zumindest den Betroffenen da nicht die Worte des Propheten Habakuk aus der heutigen Lesung näher? Habakuk vertauscht sozusagen die Rollen und klagt nicht Menschen an, sondern Gott; er beschuldigt ihn der unterlassenen Hilfestellung, auf die er ein Recht zu haben meint: „Wie lange, Herr, soll ich noch rufen, und du hörst nicht? Ich schreie zu dir: Hilfe, Gewalt! Aber du hilfst nicht. Warum lässt du mich die Macht des Bösen erleben und siehst der Unterdrückung zu? Wohin ich blicke, sehe ich Gewalt und Misshandlung."

Diese Worte haben Heimatrecht in der Bibel, und sie waren damals und sind heute erlaubt. Solange der Mensch nicht bloß um sich selbst kreisend jammert, sondern Gott anruft, läuft er nicht Gefahr, selbst mit Gegengewalt zu antworten und das Gericht über Gewalttäter in die eigne Hand zu nehmen, also mit denselben Waffen zurückzuschlagen. Diese Gefahr schwebt ja wie ein Damoklesschwert stündlich über unseren Köpfen. Geschockt und geängstigt bliebe der Mensch so im Kreislauf dieser Welt und damit in der Spirale der Gewalt.

Wer zu Gott schreit, und sei es hadernd und klagend, hat sein eignes Ich und den Binnenlauf der Welt gesprengt und wendet sich an ein größeres Du, an das Du Gottes, auch wenn es im Moment so abwesend und fern zu sein scheint. Wer denkt nicht an die Worte Jesu am Kreuz: „Mein Gott, mein Gott, warum hast du mich verlassen?"

Eine globale Krise oder auch jede persönliche Lebenskrise führen zum Scheitern, wo dadurch die Welt oder das Ich sich noch mehr um die eigene Achse drehen; sie können jedoch zur Chance werden, wo sich die Welt oder das eigene Ich für die größere Dimension Gottes öffnen.

Warum sage ich das heute am Erntedankfest? Krisen können verhärten lassen aber sie können auch zur Chance werden, weil die Not oft beten lehrt, also die Augen für Gottes Welt öffnen kann und so alle Gottvergessenheit und Selbstgenügsamkeit zu sprengen vermag.

Was aber ist in guten Zeiten, in Zeiten des Wohlstands? Bergen sie nicht sogar noch eine größere Gefahr in sich, gottvergessen und selbstgenügsam zu werden? Sind sie nicht vielfach Anlass zu Gewöhnung und Selbstverständlichkeiten, die uns gedankenlos, undankbar und unandächtig werden lassen? Alle drei Worte entstammen nicht nur derselben Sprachwurzel, sondern auch derselben Haltung, die das Staunen und die Offenheit für den Geschenkcharakter des Lebens verloren hat.

Wenn wir heute Erntedank feiern, so setzen wir bewusst ein Zeichen, das uns der falschen Gewöhnung und der egoistischen Selbstverständlichkeit entreißen will und wieder den Blick öffnet für all das, was uns geschenkt ist und das Leben erst reich macht.

Das Kornmandl, das wir hier im Altarraum sehen, will nicht ein nostalgischer Aufputz oder ein folkloristisches Kleid für ein inhaltlos gewordenes Fest sein, sondern es will unseren Blick öffnen für die Schöpfung, die Früchte der Erde und der menschlichen Arbeit. Es sind die Gaben der Schöpfung, die die Grundbedürfnisse der Menschen stillen. Das Brot gäbe es nicht am Supermarkt und der Strom käme nicht aus der Dose, gäbe es nicht das Getreide auf den Feldern und die Menschen, die es ernten, und das Wasser, das von den Wolken kommt und in den Wasserspeichern gesammelt wird.

Erntedank will erstens unser Ausdruck der Freude an der Natur, an der Schöpfung, an der Kreativität und an der Schaffenskraft des Menschen sein. Zugleich aber werden wir uns angesichts der ökologischen Krise bewusst, dass die Gaben Gottes auch Aufgaben sind und wir verantwortlich sind, die Schöpfung auch für die kommenden Geschlechter zu bewahren und dem Raubbau an Ressourcen zu widerstehen.

Unser Ja zum göttlichen Auftrag, den Garten Eden zu hegen und zu pflegen, kann z.B. die Form annehmen, dass wir den sogenannten ‚Fairen Handel' unterstützen. Dadurch werden Produkte der Dritten Welt zu gerechten Preisen verkauft, was wiederum den Produzenten zugute kommt. - Ja, ein Tropfen Wasser auf einen heißen Stein. Aber es ist immer besser, ein Licht anzuzünden als ständig über die Finsternis zu schimpfen. Nur so wird die Schere zwischen Reich und Arm, zwischen erster und dritter Welt, zwischen USA und Afghanistan geringer und das Konfliktpotential in der Welt kleiner!

Erntedank will zweitens unseren Blick wieder füreinander weiten und uns neu entdecken lassen, dass das Wesentliche auch in den zwischenmenschlichen Beziehungen letztlich Geschenk ist. Es braucht Feste wie Hochzeiten, Jubiläen oder auch das Erntedankfest, denn, wie Dietrich Bonhoeffer sagt: „Im normalen Leben wird es einem gar nicht bewusst, dass der Mensch unendlich mehr empfängt, als er gibt, und dass Dankbarkeit das Leben erst reich macht. Man überschätzt leicht das eigene Wirken und Tun in seiner Wichtigkeit gegenüber dem, was man durch andere geworden ist."

Erntedank entlarvt jedes Anspruchsdenken und jede Ausnützen des anderen als lebensfeindlich. Dieses Fest ist ein Ja zum Mit- und Füreinander, nicht nur aus Not und Bedürfnis, sondern letztlich aus dem Geheimnis der gegenseitigen Ergänzung, Entfaltung und Bereicherung, aus dem Geheimnis der Liebe. Hätten wir alles, aber die Liebe nicht, so wären wir nichts! Erntedank ist der Dank für diese selige Verwiesenheit aufeinander und zutiefst für Gottes Liebe zur Menschheit. In Jesus Christus hat sie Gott für immer besiegelt, indem er als Mensch uns in letzter Solidarität dort abholt, wo wir stehen und dort hinführt, wonach wir uns sehnen. Die Gemeinschaft und die eucharistischen Gaben von Brot und Wein sind die Kraft auf diesem Wege. Das ‚Logo' der Christen ist und bleibt deshalb die Eucharistie, auf Deutsch die Feier des Dankes.

Ein Wort vom Prior aus Taize Roger Schutz hat seine Aktualität gerade heute nicht verloren: "'Wenn nichts mehr als Geschenk empfunden würde: das Lachen des

Kindes, die Schönheit der Sonne, die Leidenschaft der Geliebten; wenn alles, einfach alles selbstverständlich wäre, nur um noch mehr den Profit zu vergrößern, nur um noch mehr die Konten aufzufüllen, nur um noch mehr die Eigensucht zu befriedigen, wenn die Kirche zu einem Ort des Einengens statt des universalen Verstehens wird, wo können wir dann noch auf der Erde einen Ort der Freundschaft für die gesamte Menschheit finden? Wie gut ist, dass es Gott gibt und wir nicht allein gelassen sind in diesem Weltchaos."

Wir sind heute schließlich eingeladen zu danken, dass wir danken können. Auch das ist nicht selbstverständlich - und doch in diesem Weltchaos wesentlich für die Hoffnung der Welt. Danken kann nur, wer aus Vertrauen lebt.

Von dieser Kraft des Glaubens, der Berge versetzen kann, spricht dass Evangelium.

Glaube, Hoffnung und Liebe ‚hat' man nicht wie irgendeinen Besitz und sie lassen sich nicht berechnen. Was diese drei sind und bewirken, kann nur der erfahren, der sich selbst aufs Spiel setzt und sich je neu - oft auch gegen den Augenschein - dafür entscheidet. Deutlich widerspricht das Evangelium jedem Anspruchsdenken. Alles menschliche Bemühen in der Nachfolge des Herrn ergibt keinen Anspruch, weil das Geheimnis des Dienens ein Geheimnis der Liebe ist und bleibt. Wer alles getan hat, hat nur getan, was wir einander an Liebe schuldig sind.

Vielleicht denkt sich mancher: Der Pfarrer hat leicht reden, denn ihm und uns geht es gut! Ja, Dank sei Gott! Wir sind von größeren Katastrophen verschont geblieben und dürfen in relativem Frieden und Wohlstand leben. Die meisten von uns hat unmittelbar kein größeres Unglück getroffen und auch die jüngsten Terrorakte haben uns verschont. Wenn Not beten lehrt, so soll Freude auch danken lernen.

Wir müssen uns über Gelungenes genau so austauschen, wie wir über die Not miteinander reden. Auch gute Nachrichten sind Nachrichten, nicht nur die ‚bad news', die die Medien herausfiltern.

Als solche, die Glück gehabt haben, sollten wir zu Herzen nehmen, was Viktor Frankl, der selbst im Konzentrationslager davongekommen ist, sagt: Dieses

Davongekommensein bringt auch eine Art Verpflichtung mit sich. Ich muss mich fragen: Welchen Sinn hat mein Verschontsein? Es hilft nicht, sich über den Sinn des Unglücks Gedanken zu machen. Den gibt es nicht. Aber alle, denen es gut geht und die auf diese oder jene Weise Glück gehabt haben, müssen sich Gedanken machen über den Sinn, den unser Verschontsein und unser Glück haben. Ich bin überzeugt, dass es eine Aufforderung zum Danken ist und zum Teilen, zur Solidarität mit denen, die nicht verschont geblieben sind und die nicht so viel Glück hatten wie wir.

Erst nachdem wir hier auf Erden alles uns Mögliche zur Verbesserung der Lebensbedingungen von Not Leidenden getan haben, wird auch die andere biblische Botschaft glaubwürdig, die am Ende der Lesung anklingt und über den Tod hinausweist: Habakuk wird am Ende seiner Klage verheißen: „Wer nicht rechtschaffen lebt, schwindet dahin, der Gerechte aber bleibt wegen seiner Treue am Leben".

Diese Verheißung ist ganz erfüllt im gerechten Jesus, der wegen seiner Treue durch den Tod am Leben blieb. Dieser absolute Horizont ermöglicht es unserem Glauben, Berge zu versetzen und Mauern, selbst die des Todes, zu überspringen. - Es ist diese Botschaft von der Auferstehung, in deren Licht die schrecklichen Tagesereignisse nicht verharmlost, aber doch anders werden, weil sie ihre letzte Verzweiflung und Endgültigkeit verlieren und wir erahnen, dass Gott auf den krummen Zeilen der Menschheit nochmals gerade zu schreiben vermag. Es ist die Botschaft, die uns verheißt, dass Gott nicht aufhört, die Menschen zu lieben und allem Guten und Schönen hier auf Erden seine letzte Erfüllung in der Fülle des Lebens bei ihm zu geben. Bitten wir den Herrn mit den Jüngern des heutigen Evangeliums: „Stärke unseren Glauben!" Amen.

Allerheiligen

Offb 7,2-4.9-14, Mt 5,1-12a (1.11.2004)

Allerheiligen ist sicherlich ein allen willkommener Feiertag. Wahrscheinlich wird er auch als wohlerworbenes Recht von den meisten gegen mögliche Angriffe der Wirtschaft verteidigt. Es fragt sich nur, wie lange es noch dauern wird, dass die Geschäfte nicht nur am 8.Dezember, sondern auch am 1.November offen halten wollen, schließlich hört man dort und da schon Weihnachtslieder! Im Übrigen aber ist Allerheiligen in der Anschauung vieler wohl ein typisch katholisches Fest mit einem etwas antiquierten Anstrich, das von manchen schon durch Halloween, einem ursprünglich keltischen Opferfest, abgelöst wurde.
Ist das alles, was wir zu Allerheiligen zu sagen haben? - Ich bin überzeugt, dass dieses Fest nicht nur Schnee von gestern ist, sondern auch heute von großer Bedeutung. Zwei Gedankenkreise möchte ich dazu ausführen; der eine will zeigen, wie aktuell dieses Fest ist, der andere, warum es mir sympathisch ist.

Allerheiligen ist für mich von großer zeichenhafter Bedeutung gerade heute in einer Zeit, in der der so genannte Individualisierungsschub alle Lebensbereiche immer mehr erfasst und jeder und jede versucht, seines und ihres eigenen Glückes Schmied zu sein.
Abgenabelt von der Tradition der Vergangenheit und ohne Zukunftsaussichten, weil ja dieses Leben die ‚letzte Gelegenheit' (Marianne Gronemeyer) ist, versucht jeder und jede das Leben wie eine Zitrone auszupressen, um möglichst viel an Genuss und Gewinn herauszubekommen und alles sofort in vollen Zügen zu genießen. Der Pastoraltheologe Paul Michael Zulehner faßte es in die Worte: ‚Früher lebten die Menschen 3o Jahre und dann eine Ewigkeit; heute leben sie 90 Jahre und dann ist alles vorbei'.
Um alles für sich herauszuholen, ist jedes Hilfsmittel recht: sei es nun eine Weisheit der Schamanen, eine fernöstliche Meditation oder die immer exotischeren

Angebote der Erlebnisgesellschaft, etwa im Extremsport, im Erlebnisurlaub oder in der Selbstpräsentation wie z.B. in ‚Big Brother' oder ‚Taxi Orange'. Die einen suchen den persönlichen Kick in der Erleuchtung, die anderen, indem sie die Grenzen bis ans äußerste Limit ausdehnen, um Risk und Fun miteinander zu verbinden. Auf jeden Fall läuft es fast immer auf einen Egotrip hinaus, also auf den Versuch, für sich allein den Himmel auf Erden zu erstürmen. Der Esoterikboom, aber auch die modernen Konsumtempeln als Ersatzparadiese sind ein beredtes Zeugnis dieses Phänomens. Dass die Wirtschaft hier eine Marktlücke entdeckt hat und gewaltig mitnascht, ist ganz offenbar.

Allerheiligen drückt dagegen die menschliche und zutiefst christliche Überzeugung aus, dass niemand allein in den Himmel kommt. Seligkeit und Glück ohne Solidarität mit anderen, ja mit allen, ist ein Trugschluss und wird sich als bittere Enttäuschung entpuppen. Das Fest Allerheiligen ist für mich Ausdruck der Solidarität, die niemanden ausschließt und die Tore zur Seligkeit allen öffnet. Die fortschreitende Entsolidarisierung, in der jeder nur sein Glück sucht, entfernt uns alle immer weiter von der Erfüllung unserer Sehnsucht nach der Fülle des Lebens. Wie sollte es auch anders sein, wenn uns die Liebe zu allen aufgetragen ist und allein die Liebe zählt und bleibt?

Der Aufruf ‚Rette deine Seele' darf also nicht heilsindividualistisch missverstanden werden; Ich rette vielmehr meine Seele, also mich, nur, indem ich mit anderen solidarisch bin.

Keiner von uns kann Gott in die Karten schauen, aber es gibt einen berechtigten christlichen Heilsuniversalismus, d.h. den Glauben und das Vertrauen, dass alle Menschen gerettet werden, also alle Heilige sind. Falsch wäre es allerdings, aus diesem Glauben und aus dieser Hoffnung ein mir verfügbares Wissen zu machen, weil ich mich dadurch aus der Beziehungsebene des Vertrauens hinausstellen würde. Allerheiligen ist also Ausdruck unseres Glaubens, dass wir nur gemeinsam, als Volk Gottes unterwegs, und nicht als Egoisten, unser Ziel, die ewige Seligkeit erreichen.

Ein zweiter Gedankenkreis will zeigen, warum mir dieses Fest Allerheiligen sympathisch ist.

Es gibt sicherlich große Heilige, die für die ganze Kirche von Bedeutung sind und deren Spiritualität sich über die Zeiten hinweg als ein empfehlenswerter geistlicher Weg bewährt hat. Wer denkt z.b. nicht an den hl. Benedikt, den hl. Franz v. Assisi oder den hl. Ignatius v. Loyola und die entsprechende benediktinische, franziskanische oder ignatianische Spiritualität.

Wir wissen aber auch, dass es bei der Selig- und Heiligsprechung vieler sogenannter kanonisierter, also zur Ehre der Altäre erhobener Heiligen oft sehr menschlich zugeht und dass nicht selten Interessen von gewissen Gruppen mitspielen, die gleichsam ein Lobbying für ihren Heiligen ausüben. Manchmal scheint das auch in einen unlauteren Wettbewerb auszuarten, bei dem auch Macht und Geld oder zumindest ideologische Interessen mitspielen.

Es ist zwar verständlich, dass eine Ordensgemeinschaft ihren Gründer oder die Gründerin gerne unter den kanonisierten Heiligen sieht, aber ich muss ehrlich sagen: ich habe nicht verstanden, warum z.B. der Gründer des Opus Dei, Msgr. Escriva, nur einige Jahre nach seinem Tode schon selig gesprochen wurde. War es nicht auch ein Versuch, einer gewissen spirituellen Ausrichtung den päpstlichen Segen und ‚Sanctus' und somit den Vorzug vor anderen zu geben? Ich habe nicht verstanden, warum vor einigen Wochen zugleich mit Johannes XXIII auch Papst Pius IX., der im 19. Jahrhundert erzkonservative Positionen verteidigte, selig gesprochen wurde. Wollte man damit auch gewisse konservative Kreise heute zufriedenstellen?

Ich werde den Eindruck nicht los, dass selbst bei offiziellen Heiligsprechungen Gruppen-Interessen mitschwingen und Heilige sozusagen zur eigenen Rechtfertigung gebraucht werden. So wie es im weltlichen Leben auch gut ist, einen heißen Draht zu einem Minister oder Ministerialrat zu haben, um sein eigenes Anliegen voranzubringen, will man seine eigene Position durch einen himmlischen Fürsprecher absichern.

Da lobe ich mir am heutigen Festtag die unzähligen Heiligen, die nicht gebraucht werden und keine Gruppen-Interessen vertreten, sondern ein schlichtes und einfaches Leben geführt haben und so in Gottes Ewigkeit eingegangen sind und vom Himmel her unseren auch oft so alltäglichen Weg in einer unverrechenbaren Solidarität begleiten. Am heutigen Fest gedenken wir all der Heiligen, die arm vor Gott waren und denen deshalb das Himmelreich gehört, ohne dass Geld und Macht zu deren offizieller Heiligsprechung beigetragen haben.

Es sind die nicht namentlich im Heiligenkalender angeführten, von denen die hl. Therese von Lisieux mit fast noch größerem Respekt spricht als von den kanonisierten Heiligen. Es sind die in der Lesung erwähnten Hundertvierundvierzigtausend, also eine unzählbare Schar, die mir als einfachen Gläubigen näher sind als die vielen, deren Schuhgröße und Kragenweite mir viel zu groß sind oder die gewisse ideologische Interessen auch im Himmel vertreten sollen.

Das Fest Allerheiligen ist mir vor allem auch sympathisch, denn zu diesen ungenannten Heiligen gehören auch jene, die ich noch persönlich kennen lernen durfte und die einen besonderen Platz in meinem Herzen haben, die jedoch schon gestorben sind. Dazu gehören meine eigenen verstorbenen Verwandten, etwa , so darf ich hoffen, meine Großeltern, mein Vater und meine Tauf- und Firmpaten; dazu gehören manche Freunde und gute Bekannte, die mir der Tod entrissen hat, die aber über ihren Tod hinaus meinen Weg auf Erden schützend und solidarisch begleiten. Sie sind nämlich in die Ewigkeit als die eingegangen, die sie auf Erden waren, d.h. wesentlich geprägt von ihrem Beziehungsnetz, zu dem auch ich gehöre.

Sie alle haben auch diese Ihre Heiligen, Ihre lieben verstorbenen Verwandten und Freunde, an die Sie heute besonders denken dürfen, auch wenn sie nie zur Ehre der Altäre erhoben werden. Seit Gottes Menschwerdung in Jesus Christus sind die Grenzen zwischen Himmel und Erde fließend geworden, so daß ihre Seligkeit auch unserem Leben Richtung und Stütze geben kann.

Die ewige Seligkeit ist keine Leistungsprämie oder Garantieauszahlung. Wir haben darauf keinen Anspruch und kein Recht; sie ist und bleibt Geschenk Gottes, dem man sich auch verschließen könnte. Deshalb bedarf es auch der Solidarität zwischen Himmel und Erde: die Heiligen, darunter auch unsere lieben Verstorbenen, treten fürbittend für uns ein; das feiern wir dankbar heute zu Allerheiligen; wir beten zugleich für unsere lieben Verstorbenen, das feiern wir morgen zu Allerseelen.

Ich möchte meine vielleicht etwas ungewohnten Gedanken zum heutigen Fest mit der Kurzgeschichte 'Das Zwiebelchen' aus Dostojewskis ‚Die Brüder Karamasoff' schließen, weil sie für mich bildhaft drastisch, aber klar zum Ausdruck bringt, was uns Allerheiligen allen sagt: Niemand kommt allein in den Himmel; es bedarf der Solidarität aller und mit allen.

„Es lebte einmal ein altes Weib, das war sehr, sehr böse und starb. Diese Alte hatte in ihrem Leben keine einzige gute Tat vollbracht. Da kamen dann die Teufel, ergriffen sie und warfen sie in den Feuersee. Ihr Schutzengel aber stand da und dachte: Kann ich mich denn keiner einzigen guten Tat von ihr erinnern, um sie Gott mitzuteilen?

Da fiel ihm etwas ein, und er sagte zu Gott: sie hat einmal aus ihrem Gemüsegarten ein Zwiebelchen herausgerissen und es einer Bettlerin gegeben.

Und Gott antwortete ihm: Nimm dieses selbe Zwiebelchen und halte es ihr hin in den See, so dass sie es ergreifen und sich herausziehen kann, und wenn du sie aus dem See herausziehen kannst, so möge sie ins Paradies eingehen; wenn aber das Zwiebelchen reißt, so soll sie bleiben, wo sie ist.

Der Engel lief zum Weibe und hielt ihr das Zwiebelchen hin: Nun, sagte er zu ihr, faß an; wir wollen sehen, ob ich dich herausziehen kann.

Und er begann vorsichtig zu ziehen - und zog sie beinahe schon ganz heraus; Als aber die anderen Sünder bemerkten, dass sie herausgezogen wurde, klammerten sie sich alle an sie, damit man auch sie mit ihr zusammen herauszöge. Aber das Weib war böse, sehr böse und stieß mit ihren Füßen zurück und schrie: Nur mich

allein soll man herausziehen und nicht euch; es ist mein Zwiebelchen und nicht eures.
Wie sie aber das ausgesprochen hatte, riss das kleine Pflänzchen entzwei. Und das Weib fiel in den Feuersee zurück und brennt dort noch bis auf den heutigen Tag. Der Engel aber weinte und ging davon."

Allerseelen

Röm 14,7-9.10c-12 (2.11.2001)

Wenn dieses irdische „Leben die letzte Gelegenheit" ist, wie das bekannte Buch von Marianne Gronnemeyer heißt, wenn es also dann wirklich aus ist, so soll es uns nicht wundern, dass viele aus diesem Leben das für sie Beste machen wollen, oft auch auf Kosten anderer, und dass sie es auspressen wie eine Zitrone. Es soll möglichst viel ‚dolce vita', süßes Leben herauskommen, auch wenn man immer wieder merkt, wie es einigen bei zu viel Auspressen nachher den Mund verzieht, da ihnen offenbar nachher manches bitter aufstößt. Oft bleibt nach dieser Art, das Leben zu genießen, ein Katzenjammer zurück, etwa wie nach einer durchzechten Nacht. Nicht selten stürzt man sich neu ins Vergnügen, um das flaue Gefühl loszuwerden, und so amüsieren sich manche Zeitgenossen zu Tode, um dem Tode nicht in die Augen schauen zu müssen.

Tod und Sterben passen nicht in eine Spaßgesellschaft! Sie werden aus ihr verdrängt und tabuisiert. Ich werde aber den Eindruck nicht los, dass vieles Ausflüchte und Fluchtwege sind, um der eigenen Sterblichkeit nicht zu begegnen. Freizeitparks, Spaßbäder, verschiedene Fun - Sportarten sind wohl Kinder dieses Zeitgeistes und die Genforschung mag die trügerische Hoffnung nähren, dass es nur noch eine Frage der Zeit ist, ab wann wir hier ewig leben.

Wenn wir heute unserer lieben Verstorbenen gedenken und zu den Gräbern gegangen sind, so könnte auch das ein leerer Ritus sein, der uns entlastet und schnell zur üblichen Tagesordnung übergehen lässt. Es sind aber Menschen, die wir gekannt und geliebt haben, die ein Stück des Lebensweges mit uns geteilt haben, die einen konkreten Namen und ein individuelles Antlitz haben. Zu viel verbindet uns mit ihnen, als dass wir sie aus unserem dankbaren Gedächtnis ausmerzen und sie abschreiben könnten. Mit ihnen ist gleichsam ein Teil unserer selbst gestorben und wir sind durch sie an unsere eigene Sterblichkeit erinnert worden.

Wir haben uns versammelt, weil wir trauern. Sie, liebe Angehörige, haben diesen Tod in seiner Schmerzlichkeit erfahren und manche von ihnen in seiner ganzen Tragik, weil es nicht das Heimgehen nach einem langen und erfüllten Leben war, sondern weil der Partner, die Freundin, das Kind am Anfang, in der Blüte der Jahre oder in der Mitte des Lebens durch eine heimtückische Krankheit oder durch einen tragischen Unfall entrissen wurde.

Wir trauern, aber wir trauern nicht wie jene, die die Augen vor dem Tode verschließen.

Ja, der Tod überschattet das ganze Leben, daran lässt sich nichts ändern. Das heißt es letztlich anzunehmen, denn der Tod ist todsicher! Aber stellen wir uns heute auch die Frage: Gibt es nicht andere Finsternisse und Schatten, die wir selbst machen, indem wir zum Tode nicht Ja sagen, und die das Leben wenigstens so stark oder sogar noch stärker als der Tod negativ beeinträchtigen? Würde nicht manches, ja vieles Leid auf der Welt ausbleiben, wenn wir Ja zum Tode als Teil unseres Lebens sagten?

Diese Erkenntnis hat Dag Hamarskjöld, der erste UNO-Generalsekretär, in den Worten zusammengefasst: „Es gibt nur einen Weg aus dem dunstigen, verfilzten Dschungel, in dem der Kampf um Ehre, Macht und Vorteil geführt wird... Und dieser Weg heißt: Zum Tod Ja sagen."

Die Tatsache des Todes macht alle gleich, Kaiser und Bettler, Präsident Bush und Osama bin Laden, mich und Dich. Das Ja zum Tode relativiert so vieles hier auf Erden; es macht vieles vom alltäglichen Kleinkram, aber auch von den Schlagzeilen und Topmeldungen der Wirtschaft und Politik unwichtig und lächerlich. oder wie es vor zwei Tagen in der Zeitung ein Totenbestatter aus seinem täglichen Umgang mit dem Tod auf den Punkt brachte: "Man hängt nicht mehr so am Materiellen, wenn man immer wieder sieht, wie schnell alles anders sein kann." (OÖN vom 31.10.2001, S 17) Vor allem aber bewirkt das Ja zum Tode die Erkenntnis und Erfahrung dessen, was wirklich zählt und bleibt.

Ist nicht eine Folge der Ablehnung des Todes der unselige Kampf um Ehre, Macht und Vorteil, der bis heute Millionen Tote auf den Schlachtfeldern der Erde auf viel schrecklichere Weise gefordert hat als es der natürliche Tod tut?

Das Ja zum Tode würde das Machtgerangel von oben und unten und die Einteilung in Geehrte und solche, die ihrer Würde beraubt werden, vermindern, weil anderes zu zählen beginnt, und würde dieses Leben trotz zeitlicher Begrenztheit viel schöner und angenehmer machen. Wäre eine Welt, in der wir miteinander teilen statt einander zu übervorteilen, trotz des Todes nicht eine bessere Welt?

Ich bin überzeugt, das Ja zum Tode ließe uns menschlicher und mitmenschlicher miteinander umgehen und glücklicher leben als der ständige Versuch den Tod zu verdrängen.

Das Ja zum Tode würde in uns zum Tragen bringen, was das Leben allein radikal lebenswert macht, nämlich die Liebe, und es würde uns auch ahnen lassen, was allein angesichts des Todes zählt, die Liebe. Es ist wohl die Erfahrung aller Liebenden, dass Liebe stärker sein will als der Tod, auch wenn wir gleichsam nüchtern hinzufügen, „solange ich lebe"; „bis der Tod uns scheidet".

Es ist die Mitte unseres Glaubens, dass Gottes Liebe in Jesus Christus stärker war als der Tod und dass er als erster von den Toten auferstanden ist. Unsere Sehnsucht, dass die Liebe bleibt und daß wir als Liebende ewig leben, geht deshalb nicht ins Leere, sondern sie hat eine göttliche Antwort erhalten. Seither gibt es eine Brücke zwischen hier und dort, eine Quintessenz dieses irdischen Lebens, die auch für das kommende ewige Leben zählt und das irdische Leben aus allem egoistischen Hasten und Gieren befreit in die Gelassenheit des Gebens und Teilens: es ist die Liebe.

Die Dichterin Christine Busta drückt diese Brückenbauerfunktion der Liebe zwischen hier und dort im mythischen Bild vom Fährmann aus, wenn sie sagt:
"Was ich, ohne zu rechnen, ausgab,
verloren oder vergessen wähnte,
legst du mir heimlich und unerwartet
zurück in mein leergewordenes Herz.
Jetzt habe auch ich einen Groschen zu Leuchten
für den Fährmann über den dunklen Fluß."

Liebe ist ein abstraktes Wort. Wir verbinden heute damit einen konkreten Menschen, der uns geliebt hat und den wir geliebt haben. Wir erinnern uns seiner, aber unser Gedenken allein ruft ihn nicht zurück ins Leben, denn das Gedächtnis der Lieben reicht dazu nicht aus; es ist selbst vergesslich und sterblich. Wir erinnern uns noch eines anderen Du, nämlich unseres Herrn Jesus Christus. Wenn wir uns hier zu seinem Gedächtnis versammelt haben, ist er unter uns gegenwärtig mit der Kraft seiner Liebe, die stärker ist als der Tod. Hier verschwindet jede Abstraktion. Nicht abstrakte Liebe ist Brückenbauer zwischen hier und dort, sondern Jesus selbst in seiner Liebe bis zum äußersten. Er ist Brückenbauer, weil er selbst vom Quell allen Lebens, von Gott, kommt und zu ihm zurückführt. „Denn es ist der Wille meines Vaters, dass alle, die den Sohn sehen und an ihn glauben, das ewige Leben haben und ich sie auferwecke am Letzten Tag" (Evg.).

Gott ist die große Klammer, die irdisches Leben und Sterben umfängt und vom Zwang, aus sich heraus zu bestehen, befreit, denn „ob wir leben oder ob wir sterben, wir gehören dem Herrn" (Lesung), eine Befreiung, die dieses irdische Leben nicht entwertet, sondern ernst nimmt. Wir sollen ja vor dem Richterstuhl Gottes stehen und von uns vor Gott Rechenschaft über uns ablegen. Es zählt dabei allein die Liebe, zunächst die Liebe Gottes zu uns, aber auch unsere Liebe zu Gott, zu den Mitmenschen und zu uns selbst. Es zählt zur Überfahrt über den dunklen Fluss nicht der Obolus auf unserem Sparkonto und in den irdischen

Kassen, nicht der Schilling und in Zukunft nicht der Euro, sondern allein „was ich ohne zu rechnen ausgab, verloren und vergessen wähnte". Es zählt dann nicht, was ich habe, sondern was ich gegeben habe.

Feiern wir jetzt für unsere lieben Verstorbenen und mit ihnen die Liebestat Gottes in Jesus Christus; schicken wir ihnen unsere Liebe über diesen Brückenbauer Jesus und sammeln wir selbst auf Erden Schätze, die nicht Rost und Motten fressen, sondern die fürs ewige Leben zählen. Zählen tut allein die Liebe. Amen.

Christkönigssonntag
Kol 1,12-20; Lk 23,35-43 (25.11.2007)

Was ist heute wirklich noch ein König – etwa der von Schweden, der in diesen Tagen Österreich besuchte? Ein König nährt vielleicht manch nostalgische Gefühle der Österreicher, er mag eine Repräsentationsfigur sein und vielleicht auch zur „Corporate Identity" eines Staates beitragen, insofern er noch eine moralische Autorität ist. Aber viel mehr wohl nicht!

Von daher stammen unter anderem wohl auch unsere Schwierigkeiten mit dem heutigen kirchlichen Christkönigsfest. Ist es nicht in einer Zeit der Menschenrechte ein Anachronismus, also Schnee von gestern?

Kirche ist vielfach eine Männerkirche gewesen und teils noch immer. Vor drei Wochen hörte ich im Wissensturm den bekannten deutschen Psychotherapeuten Horst Eberhard Richter zum Thema: „Die Krise der Männlichkeit in der unerwachsenen Gesellschaft". Dass sich diese Krise, nämlich der häufige Irrglaube vieler Männer, alles machen zu können, und der Zwang, ewig siegen zu müssen und Gefühle und Abhängigkeiten, Leid und Schmerz eher ausschließen zu wollen, auch auf die Kirche und eine falsche Männlichkeit in ihr auswirkt und insofern auch Kirche in Krise bringt, ist irgendwie logisch.

Dazu kommt ein sehr großer soziologischer Wandel, den wir alle hautnah erleben, ob es uns lieb ist oder nicht: Seit Kaiser Konstantin, also fast 17 Jahrhunderte ist die christliche Religion Staatsreligion gewesen und die weltliche Macht hat sich vielfach mit dem Christentum identifiziert. Das Christentum war Volksreligion, in die fast jeder Mensch in unseren Breitengraden schicksalhaft hineingeboren wurde und darum auch nicht austreten konnte, es sei denn, er wurde aufgrund von Glaubensabfall oder Häresie ausgeschlossen, meist gekoppelt mit weltlichen Strafen. Dieses „konstantinische Modell" der Kirchenzugehörigkeit ist eindeutig vorbei. Kirche und Staat sind zwei getrennte Größen und Kirchenmitgliedschaft ist immer mehr die je private Entscheidung des einzelnen. Auch innerhalb der Kirche bestimmt jede/r selbst noch einmal seine Nähe und Distanz zur Kirche.

Was folgt daraus für die Kirche? Gegen jeden falschen kirchlichen Machtanspruch muss gesagt werden: Kirche und Reich Gottes sind fürwahr nicht identisch. Es geht in der Nachfolge Jesu allein um das Reich Gottes. Kirche ist nicht Selbstzweck, sondern menschlich-göttliches Werkzeug und Instrument dafür. Aus deren Menschlichkeit erwächst auch deren Schwäche und Fehlerhaftigkeit, sodass ihr, wie Altbischof Reinhold Stecher oft sagt, „kirchengeschichtliche Demut" sehr gut ansteht. Ich dachte es mir wieder, als wir vor einem Monat in Rom an den Orten standen, wo Giordano Bruno verbrannt oder Galileo Galilei der Prozess gemacht wurde.

Eine andere Folge ist etwa, dass Gehorsam nicht bloß von oben nach unten hierarchisch zu verstehen ist, sondern dialogisch sein muss, d.h. dass das Lehramt im Gespräch bleiben muss mit den Zeichen der Zeit, mit dem Glaubenssinn des Volkes und mit der Theologie.

Eines heißt es allerdings nicht: Jesus ja, Kirche nein, denn man kann nicht an den Menschen und auch an den menschlichen Zügen der Kirche vorbei auf Jesus schauen. Glaube an den Menschen und ihren Menschlichkeiten vorbei wird allzu leicht zu einer unmenschlichen und in Folge zu einer unchristlichen Religion! Christus und die Kirche sind auch bei Paulus untrennbar: „Er ist das Haupt des Leibes, der Leib aber ist die Kirche"(Kol 1,18).

Bei der Lektüre des Bestsellers von Hape Kerkeling „Ich bin dann mal weg" über seine Erfahrungen am Jakobsweg hat mir folgender bildhafte Vergleich von Kirche und Gott gut gefallen; er schreibt: „Gott ist für mich so eine Art hervorragender Film wie ‚Ghandi', mehrfach preisgekrönt und großartig. Und die Amtskirche ist lediglich das Dorfkino, in dem das Meisterwerk gezeigt wird. Die Projektionsfläche für Gott. Die Leinwand hängt leider schief, ist verknittert, vergilbt und hat Löcher. Die Lautsprecher knistern, manchmal fallen sie ganz aus oder man muss sich irgendwelche nervigen Durchsagen während der Vorführung anhören. ... Man sitzt auf unbequemen, quietschenden Holzsitzen und es wurde nicht mal sauber gemacht. Da sitzt einer vor einem und nimmt einem die Sicht, hier und da wird gequatscht und man bekommt ganze Handlungsstränge gar nicht mehr mit. Kein Vergnügen wahrscheinlich, sich einen Kassenknüller wie ‚Ghandi' unter solchen Umständen ansehen zu müssen. Viele werden rausgehen und sagen: ‚Ein schlechter Film'. Wer aber genau hinsieht, er ahnt, dass es sich doch um ein großartiges Meisterwerk handelt. Die Vorführung ist mies, doch ändert sie nichts an der Größe des Films. Leinwand und Lautsprecher geben nur das wieder, wozu sie in der Lage sind. Das ist menschlich.
Gott ist der Film und die Kirche ist das Kino, in dem der Film läuft. Ich hoffe, wir können uns den Film irgendwann in bester 3-D- und Stereo-Qualität unverfälscht und mal in voller Länge angucken! Und vielleicht spielen wir dann sogar mit!" (S 186f) So weit Hape Kerkeling!

So sehr mir dieser Vergleich eines Gottsuchers gefällt, so frage ich mich dennoch, ob er und ob Ich in einem Gekreuzigten, wie er uns heute im Evangelium begegnet, Gott als Retter und Messias erkennen würden, wie es der rechte Schächer getan hat. Was heißt hier „Wer aber genau hinsieht", erahnt das Großartige? Welchen Blickes bedarf es dafür?
Mit dieser Schwierigkeit des rechten Blickes sind wir in guter Gesellschaft, denn selbst Jesu Jünger haben zunächst mit dessen Predigt vom Reich Gottes die Hoffnung auf weltliche Herrschaft, auf eine Karriereleiter zu den besten Posten

rechts und links vom König verbunden. Erst sehr langsam begreifen sie, dass es um eine andere Herrschaft geht. Jesu „Königtum" tut sich erst am Kreuze ganz kund: Sterbend hängt Jesus am Kreuz und wird selbst dort noch ausgelacht. Er ist ausgeliefert in eine Situation völliger Ohnmacht und Hilflosigkeit.

„Wer genau hinsieht", der wird erkennen, dass dieser Gott in Jesus seine Lage mit den Opfern in der ganzen Welt teilt. Es braucht den Blick der eigenen Ohnmacht und den Blick der Liebe, um genau in dieser Ohnmacht Jesu seine Liebe und Solidarität bis zum äußersten zu erkennen.

Gottes Macht ist anders als wir sie uns meist vorstellen.

Einer, nämlich der rechte Schächer, hat den Blick der richtigen Selbsterkenntnis und den Blick auf die Solidarität Gottes in Jesu Tun und er bittet ihn: „Jesus, denk an mich, wenn du in deiner Macht als König kommst." Er lässt sich anblicken von Jesus und Jesu Denken an ihn wird zum schöpferischen Tun, zur Heimholung ins Reich Gottes, ins Paradies.

Jesus ist also - wenn schon ein König - kein König von oben, sondern ein herabgekommener König – bis in die letzten verlorenen Winkel des Menschen und der Schöpfung, damit alle darin die Liebeserklärung Gottes an die ganze Menschheit und alles Geschaffene ahnen können und für Gottes Einladung in sein Reich offen sind – eine Einladung, die die Freiheit des Menschen nicht unterdrückt, sondern zur liebenden Antwort ermuntert.

Jesus ist hinabgestiegen in das Reich des Todes, um die ganze Schöpfung heimzuholen in den neuen Himmel und die neue Erde. Jeder andere Zugang zu Christus geht am wesentlichen vorbei.

Paulus drückt es in der Lesung so aus: „Gott hat uns so der Macht der Finsternis entrissen und aufgenommen in das Reich seines geliebten Sohnes. ... Denn Gott wollte mit seiner ganzen Fülle in ihm wohnen, um durch ihn alles zu versöhnen."

Bei aller Schwierigkeit, einen solchen Gott zu verstehen und bei allem menschlich verständlichen Verlangen, dass er hin und wieder mit Bomben und Granaten für Recht und Ordnung sorgen sollte, frage ich: Ist nicht in jedem und jeder von uns noch einmal eine tiefere Sehnsucht nach einem solidarischen und liebenden Gott, der einer von uns wird und unser menschliches Schicksal in allem – selbst bis in den Tod hinein - teilt? Das meint Paulus in der Lesung, wenn er sagt, dass Christus durch sein Blut am Kreuz Frieden gestiftet hat (1 Kol 1,20) oder ein andermal fragt: Hat Gott uns in Christus nicht alles geschenkt? (Röm 8,32)

Wenn wir das glauben, dann folgt daraus für uns alle die Gewissheit, auch einmal mit Jesus und dem rechten Schächer im Paradies zu sein, oder – wie Paulus sagt - teilzuhaben „am Los der Heiligen, die im Licht sind" (Kol1,12) oder - im Bilde von Hape Kerkeling – einmal in bester Qualität unverfälscht und in voller Länge den Film, der Gott selbst ist, anzugucken und dabei auch selbst mitzuspielen. Darauf freue ich mich jetzt schon! Amen.

Printed by Books on Demand GmbH, Norderstedt / Germany